孩子注意力不够集中、冲动、多动、焦虑、失眠、完美主义、挫折耐受力差、人际关系不佳等问题，正念都可以解决。

在本书中，作者创造性地把理论与实践相结合，总结出了6种相互关联的核心能力，即聚焦力（focusing）、静心力（quieting）、洞察力（seeing）、重构力（reframing）、关怀力（caring）、联结力（connecting），并把它们融入到60个简单有趣的游戏中。

- **聚焦力**——专注于当下过程，不忧虑结果
- **静心力**——觉察当下，灵活应对新的情境
- **洞察力**——不纠结小事，放眼大局
- **重构力**——思路清晰、开阔，对事情充满好奇，有创造力
- **关怀力**——懂得自我激励和自我关怀，共情自己和他人
- **联结力**——将友善付诸行动，与他人联结

本书不仅仅是一本游戏手册，它的意义远远超出了帮助孩子"改善专注力""管理情绪"的层次，而且为孩子铺垫了受益终身的通向心灵自由的道路。这种自由能帮助他们穿越生活的困境，如鸟儿挥动双翼穿越天空。

本书对于成年人来说，也是宝贵的资源，无论你是父母、老师，还是与孩子工作的咨询师或正念老师，都可以从中受益。

正念亲子游戏

让孩子更专注、更聪明、更友善的60个游戏

MINDFUL
GAMES

Sharing Mindfulness and
Meditation with Children,
Teens, and Families

[美] 苏珊·凯瑟·葛凌兰 著　周玥 朱莉 译
Susan Kaiser Greenland

图书在版编目（CIP）数据

正念亲子游戏：让孩子更专注、更聪明、更友善的 60 个游戏 /（美）苏珊·凯瑟·葛凌兰（Susan Kaiser Greenland）著；周玥，朱莉译 . -- 北京：机械工业出版社，2021.11（2025.4 重印）

书名原文：Mindful Games: Sharing Mindfulness and Meditation with Children, Teens, and Families

ISBN 978-7-111-69276-8

I. ①正… II. ①苏… ②周… ③朱… III. ①注意 - 能力培养 - 儿童教育 - 家庭教育 IV. ①G781 ②B842.3

中国版本图书馆 CIP 数据核字（2021）第 202897 号

北京市版权局著作权合同登记　图字：01-2021-1773 号。

Susan Kaiser Greenland. Mindful Games: Sharing Mindfulness and Meditation with Children, Teens, and Families.

Copyright © 2016 by Susan Kaiser Greenland.

Illustrations © 2016 by Lindsay duPont.

Simplified Chinese Translation Copyright © 2022 by China Machine Press.

Simplified Chinese translation rights arranged with Shambhala Publications, Inc. through Bardon-Chinese Media Agency. This edition is authorized for sale in the Chinese mainland (excluding Hong Kong SAR, Macao SAR and Taiwan).

No part of this book may be reproduced or transmitted in any form or by any means, electronic or mechanical, including photocopying, recording or any information storage and retrieval system, without permission, in writing, from the publisher.

All rights reserved.

本书中文简体字版由 Shambhala Publications, Inc. 通过 Bardon-Chinese Media Agency 授权机械工业出版社在中国大陆地区（不包括香港、澳门特别行政区及台湾地区）独家出版发行。未经出版者书面许可，不得以任何方式抄袭、复制或节录本书中的任何部分。

正念亲子游戏

让孩子更专注、更聪明、更友善的 60 个游戏

出版发行：机械工业出版社（北京市西城区百万庄大街 22 号　邮政编码：100037）
责任编辑：刘利英
责任校对：殷　虹
印　　刷：三河市宏达印刷有限公司
版　　次：2025 年 4 月第 1 版第 4 次印刷
开　　本：130mm×185mm　1/32
印　　张：7.75
书　　号：ISBN 978-7-111-69276-8
定　　价：65.00 元

客服电话：(010) 88361066　88379833　68326294

版权所有 • 侵权必究
封底无防伪标均为盗版

赞　誉

正念的现实益处是广泛的、无可争辩的。这本精彩的书会帮助我们的孩子把正念练习融入日常生活，并带到未来。

——国会议员　蒂姆·瑞安（Tim Ryan）

这是一本非凡的著作。书中不但有参与性强、适合孩子的、实用的正念练习，而且它背后的心理学和内观智慧的理论基础非常扎实。本书对每个有孩子的人来说都是无价的资源——实际上不止如此，强烈推荐给所有人！

——《正念：通向觉醒的修习指导》(*Mindfulness: A Practical Guide to Awakening*)的作者　约瑟夫·戈尔茨坦（Joseph Goldstein）

在本书中，苏珊·凯瑟·葛凌兰提供了一系列参与性强且好理解的游戏，这些游戏适合不同年龄的儿童。所有的游戏都能够培养理解和共情的能力,并且很有意思!苏珊的写作基于她本人精深的正念修习基础,以及她对儿童发展的了解与研究。虽然本书是为儿童工作者而写的,但它绝对也有益于丰富其他读者的生活。

——《慈心》(*Lovingkindness*)和《冥想的力量》(*Real Happiness*)的作者 莎朗·莎兹伯格(Sharon Salzberg)

苏珊·凯瑟·葛凌兰以罕见的方式描述了正念的精髓。作为资深的修习者和老师,她的智慧闪耀全书。毋庸置疑,本书是每一位家长和儿童的宝贵资源。

——Headspace 创始人 安迪·普迪科姆(Andy Puddicombe)

我们成年人有责任竭尽所能帮助年轻人发展认知和情绪技能,让他们从我们手中接过这个世界之后,不但能生存下去,而且能蓬勃发展。作为开创性的《培养灵气的孩子》的姊妹篇,苏珊·凯瑟·葛凌兰的最新重磅著作《正念亲子游戏》广受好评。基于苏珊在这个领域多年的开拓性工作,本书兼具"道"之丰富与"术"之娴熟,强烈推荐。

——《注意力革命》(*The Attention Revolution*)的作者 艾伦·华莱士(Alan Wallace)

与儿童分享正念的先驱苏珊·凯瑟·葛凌兰又出大招了！《正念亲子游戏》中有教授和学习正念的有趣且充满智慧的方式。《正念亲子游戏》注定会成为父母、专业人士和孩子们爱不释手的工具书，你会把它翻烂的，记得多买一本！

——《正念成长》(*Growing Up Mindful*)的作者
克里斯托弗·威拉德（Christopher Willard）博士

这部杰出的著作，让古老的内观传统教诲重焕生机，转化为实用的游戏，以严谨而有趣的方式，将其应用到年轻人和他们的家庭的日常生活中。本书提供的强大工具，经受了现代科学的检验，有助于儿童和青少年的大脑发育与人际关系的发展，从而提升他们的心智。你甚至还可能像我一样发现，这些富有启发性的思想和游戏也会升级你自己的人生。沉浸在本书的智慧中，尽情享受这趟旅程吧！

——《去情绪化管教》(*No-Drama Discipline*)的作者
丹尼尔·西格尔（Daniel Siegel）博士

一种奇妙的、有趣的、引人入胜的、把正念带入孩子生活的途径。

——《情商》(*Emotional Intelligence*)的作者
丹尼尔·戈尔曼（Daniel Goleman）

译 者 序

欢迎你打开我们翻译的这本书!

我们的假设是,你有未成年的孩子,或你的生活中有与你关系密切的儿童或青少年,或他们是你的工作对象,或你想探索你内在的小孩。总之,对孩子的关注,开启了你与本书的缘分。现在,我邀请你来做几个深呼吸。也许你可以闭上眼睛,郑重地问自己这样一个问题:我希望我关心的这个孩子或孩子们,成长为什么样的人?给自己一点时间,允许想法和答案在你心里浮现。

好的,现在你可以睁开眼睛,继续把你的答案放在心里。现在让我们先来看看这样一段描述:

友善、接纳、开放;懂得欣赏和感恩;注意力专注、灵活且广度大;头脑清晰、思路开阔,可以明辨是非与边界；理解事物的因果和发展规律，了知万事万物不断变化的本质和相互依存的道理；能够耐受强烈的情绪，约束自己的行为，有意识地做出选择；能够与自己和他人的情绪共情和共频，对他人心怀慈悲；对自己有合理的信心，有耐心，懂得自我激励和自我关怀；常常感受到喜悦和幸福。

怎么样？这些描述与你自己的答案是否有所重合？你希望你关心的孩子拥有上述品质吗？

我希望。我不仅希望我的孩子拥有，而且我还希望自己也拥有。

以上描述，是我根据本书作者苏珊·凯瑟·葛凌兰在"导言"部分提出的"主题列表"整理而来的。苏珊并非简单搜罗各种美好的品质，然后把它们堆砌在一起——这些全都是"正念"一词所覆盖的主题，也是修习传统正念时一贯注重培养的品质。以上每一种品质和能力，都在书里有相应的论述，并且有对应的正念练习（游戏）。

这正是苏珊的野心所在，她并不因儿童心智发育程度有限，便矮化或去除正念的深刻复杂之处，而是尽可能用最简单明白的语言，选取最贴切的、经典的教学故事，融入心理学和神经科学的重要发现，意图涵盖正念背后绵延千年的内观传统中最重要的主题。这些主题既描绘了人性的理想境界，也提供了在当下点滴进步的法门。这些主题的核心就是智慧与慈悲。我觉得引用书中原文来表达最为恰当："智慧与慈悲恰似鸟的双翼，双翼俱全才可能飞翔。……当智慧与慈悲相逢，我们就拥有了一定程度的心理自由……帮助孩子们和他们的家庭穿越生活的困境，如鸟儿挥动双翼穿越天空。"作者的努力，超越了帮助孩子"促进大脑发育"或"管理情绪"的层次，意在为孩子们铺垫受益终身的通向心灵自由的道路。这十分令人尊敬，也赋予了本书非同一般的意义。

更令人钦佩的是，在保证理论部分专业与扎实的同时，这本书总体仍然非常轻松和实用。深入浅出，举重若轻，说明作者拥有极其深厚的修习功底、开放慈悲的心和爱玩会玩的灵魂。当然，苏珊天才的创造力，体现在用创造性的方式把理论与实践进行了联结：首先，把涉及的所有主题，提炼为聚焦力（focusing）、静心力（quieting）、洞察力（seeing）、重构力（reframing）、关怀力（caring）、联结力（connecting）这6种相互关联的核心能力；然后，把它们融入到60个简单有趣的游戏中。发展心理学告诉我们，无论是在孩子的正常发育过程中，还是在疗愈性体验中，游戏都起着至关重要的作用。当我们希望让孩子也体会到正念的益处时,把冥想练习转化为游戏,也是自然而然的最佳选择。苏珊是儿童正念领域的先行者,也是经验丰富的老师,书中描述的 60 个游戏和带领游戏的方式,经受了时间的检验,非常值得信赖。本书另一位译者朱莉是资深的儿童正念老师,她已经先行在自己的工作中使用了这些游戏,发现它们"非常实用,让孩子和养育者或教育者在愉快欢乐的气氛中学习",并且"在与孩子一同游戏时,孩子们的分享也让成人获益匪浅,在平凡而真实的互动中有强大的疗愈能量。"

我个人认为,无论你是父母、老师,还是与孩子工作的咨询师或正念老师,本书最正确的阅读方式,就是对理论与实践(游戏)部分同等重视,反复阅读和尝试(包括自己练习,以及与孩子一起练习),相互对照和印证,从而融会贯通。另外,如果只是把本书当作一本游戏手册,虽然有点"暴殄天物",却也不失为一个不错的开始。就像苏珊在本书开头所说的那样,修习正念的过程就像打开俄罗斯套娃,我们的好奇心和耐心终会帮我们拿到"最小的那个娃娃"。

我在美国冥想与心理治疗学院培训期间,苏珊正好是讲师之一,故我有幸与其直接交流我对本书的体会,这对后续审校帮助很大。在此要特别感谢苏珊老师。

我和朱莉一起，感谢孙玉静老师，是你让我们与本书结缘。我们还要感谢华章心理的邹慧颖老师和本书的责任编辑刘利英老师，你们的专业、敬业，始终让人安心，也让我们对本书最终呈现的样貌充满期待。

感谢我的好朋友张淑芬和于海成对本书翻译工作提供的大力协助，淑芬的认真、细致、可靠，与海成的热情、创意、灵感，都已经融入这本译作的字里行间。感谢方玮联老师和陈慧贞老师在本书翻译过程中对我的指导和帮助。

感谢我的孩子陪我试玩书中的游戏，这不仅让我对这些游戏有了生动的一手体验，也让我们收获了珍贵的亲子体验和记忆。

朱莉老师特别向她的母亲陆宝明女士和孩子朱禹泽小朋友表达感恩和歉意："你们的慈爱与智慧，热情与真诚，温暖与力量，是我生命中最好的礼物。"

感谢我们亲爱的家人，你们都是幕后英雄。

在本书翻译过程中，朱莉的母亲和我的母亲相继因晚期癌症离世，让我们对书中谈到的接纳、感谢、慈悲、万物变化、肇因和结果、此时此刻等主题，有了更深刻的体验和理解。事实上，是正念修习支持我们度过了这个生命历程，让我们在与痛更亲近的同时，也与爱更亲近。

愿我们的爱与感恩，透过文字，传递给打开这本书的读者。愿你们享受阅读和使用这本书的过程，愿你们玩得开心！

周玥

2021 年 10 月

前　　言

　　冥想（meditation）看起来很容易，就是坐在垫子上什么也不做嘛，这有什么难的呢？我第一次学习冥想的经历，让我想起了俄罗斯套娃：打开这个娃娃，里面还有一个差不多的娃娃，只是小一些；然后还有一个，还有一个，一个又一个，直到出现一个最小的娃娃。在真正开始练习冥想前，我似乎有层层艰深的理论要学习。朋友和同事推荐了好几本书，我在各种方法和术语中苦不堪言，概念和技巧的提升简直无穷无尽，但是我坚持下来了。最终，冥想成了我的休憩而非战斗之所，我终于拿到了那个最小的娃娃。我写这本书的初衷，就是让父母们学习冥想的过程比我当初经历的容易一些，甚至简单到能让他们将冥想分享给自己的孩子们。

越来越多的科研成果表明，上千年来内观（contemplatives）传统相信的东西是正确的：正念和冥想可以帮助儿童、青少年和他们的父母培养一系列生活能力（life skills），以智慧、慈悲的心态与内在世界和外在世界相处。本书介绍了六种生活能力：聚焦力（focusing）、静心力（quieting）、洞察力（seeing）、重构力（reframing）、关怀力（caring）、联结力（connecting）。我把这六种能力用一个圆圈来表示，聚焦力处于圆圈的中心，因为稳定、灵活的注意力能为其他五者提供支持。

下图展现了这六种能力之间的关系。

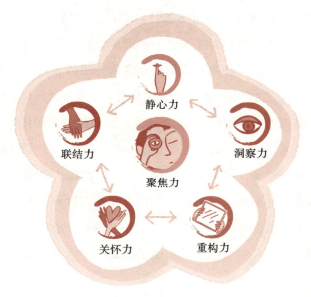

当儿童和青少年把注意力聚焦（focus）于当下的体验时（如呼吸的感觉或房间里的声音），他们的心会平静（quiet）下来，头脑中会有更开放的空间，这使他们能更清晰地看见正在发生的事情。如果他们对自己的身心活动更加了解，就可以学习使用感觉印象（如"我感到坐立不安"或"我的胃里好像有蝴蝶在扑腾"），来提醒自己在说话或行动之前停下来想一想。这个过程可以提升孩子们对内在体验和外在体验的觉察性，减少反应性，从而使孩子们聚焦于以智慧、慈悲的心态对当下的情境做出回应，而非执着于结果。当孩子们明白每一个当下都是由无数关系、肇因和条件编织的结果时，关怀力和联结力就自然浮现了，他们就有机会重构对某个情境的理解，然后让自己的言语和行动体现出关怀力和联结力。这六种生活能力遵循以下结构：注意力转化（静心力、聚焦力）带来情绪转化（洞察力、重构力），再进一步带来言语、行动和关系转化（关怀力、联结力），这个过程正是来自经典冥想训练的进阶体系。

数千年来，内观训练已经发展出极其庞大的体系，这一体系精确刻画了人类的内在世界和外在世界。我把这个庞大的体系简化为两类关键词，通过游戏、故事、引导想象和演示，介绍给孩子们和他们的父母。六种生活能力就是第一类关键词，第二类关键词则包括传达出智慧、慈悲的世界观的普世主题。这些主题如下：

接纳	明辨力
开放的心	共情
感谢	万物变化
注意（聚光和泛光）	相互依存
共频	喜悦
行为克制	友善
肇因和结果	动机
清明	耐心
慈悲	此时此刻
心理克制	自我慈悲
明智的信心	

正念和冥想的内在品质具有一种神秘性，似乎只可意会，不可言传，但是修习者可以从学习一系列主题、训练相关的生活能力开始，逐步接近正念和冥想的深刻本质。与之相似的是爵士乐，其艺术基因深藏于难以把握的即兴性之中，但是音乐家可以通过学习五度圈（circle of fifths)理论和练习音阶,逐渐靠近这些品质。当这些神秘的品质出现时,无论是正念冥想还是爵士乐的修习者,都可以立刻识别出它们,这是一种直接的感受,与言语表达无关。古人云,智慧与慈悲恰似鸟的双翼,双翼俱全才可能飞翔。通过正念和冥想,我们既可以了解

抽象的主题,也可以学到具体的生活能力,从而培养智慧与慈悲。当智慧与慈悲相逢时,我们就拥有了一定程度的心理自由。我们期望这种自由能帮助孩子们和他们的家庭穿越生活的困境,如鸟儿挥动双翼穿越天空。

我最喜欢正念游戏的一点,是它提供给父母和孩子互相教导、共同学习的机会。不出所料,许多父母说,这些给孩子们设计的游戏也给了他们练习冥想的机会,而原本他们并没有机会接触到冥想。这让我坚信一点:作为父母,我们的正念水平对生活中的每一个人都会产生强有力的影响,尤其是对我们的孩子。当我们平静、稳定、喜悦时,他们感受得到,并且会以我们为榜样。我们如何掌握人

生之舵，会直接影响他们的安全感，并影响他们前行的方式。因此，我鼓励父母先行思考书中的主题、体验书中的游戏以培养自己的正念能力，再与孩子分享。

正念游戏是为孩子们写的，但不必把这一点看得太重。这些游戏对父母或孩子的其他重要关系人来说同样有趣，同样可以促进他们的成长。老师、治疗师、祖父母、姨父姨妈、姑父姑妈、童子军领队、营地咨询师们，这些游戏也是给你们设计的。准备好试一试了吗？放松下来，感受一下你的脚吧。

感受我的脚

我们将注意力集中在脚底与地面接触的感觉上，放松，专注，觉察当下正在发生的一切。

生活能力：聚焦力、关怀力　　适合人群：所有人群

带领游戏[⊖]

1. 我们坐着或站着，背部挺直，身体放松，自然地呼吸，留

[⊖] "带领游戏"部分正文是家长或老师在带领孩子们做正念游戏时可以直接使用的引导语，均为语气温和的祈使句，动作主体为参加游戏的孩子。为保证语言简单、清晰，语气温和并符合中文语境，译文省略了大部分"你""你的""你们""你们的""我""我们的"。楷体字部分为给游戏带领者的额外提示，动作主体为家长或老师。下同。——译者注

意当下身体和心中正在发生的一切。
2. 保持身体放松。如果你是站着的,保持膝盖放松。
3. 现在,将注意力转移到脚底,留意脚底与地面接触的感觉。当想法和情绪在心中出现时,允许它们自由来去。
4. 此刻你正在感受自己的脚吗?如果没有,也不用担心,走神是很正常的,只要把注意力重新放在脚底,重新开始感受就可以了。

小贴士㊀
1. 专注于某种身体感觉,就像在"感受我的脚"游戏中做的那样,能够帮助孩子们在过度兴奋或难过时平静下来。
2. 邀请孩子们留意各种不同的身体感觉。比如,开门时,感受手掌与冰凉的门把手接触的感觉;洗手时,感受手与热水和肥皂泡沫接触的感觉;穿袜子时,感受脚踝和脚与柔软的羊毛接触的感觉。
3. 对正念游戏来说,稳定持续地练习比单次练习的时长更重要,特别是在初期。

㊀ "小贴士"部分是写给游戏带领者的提示,动作主体为家长或老师。下同。——译者注

目　录

赞誉

译者序

前言

第一部分　静心力　　　　　　　　　　　　　　1

第1章　有意识地呼吸　　　　　　　　　　　　5
第2章　注意力的锚点　　　　　　　　　　　　16

第二部分　洞察力和重构力　　　　　　　　　27

第3章　开放的心　　　　　　　　　　　　　　30
第4章　感谢的力量　　　　　　　　　　　　　43
第5章　此时此刻　　　　　　　　　　　　　　54

第三部分　聚焦力　　　　　　　　　　　　　　　　67

第 6 章　正念呼吸　　　　　　　　　　　　　　　　71
第 7 章　聚光注意　　　　　　　　　　　　　　　　83
第 8 章　平静的心　　　　　　　　　　　　　　　　100
第 9 章　跳出头脑　　　　　　　　　　　　　　　　116

第四部分　关怀力　　　　　　　　　　　　　　　　127

第 10 章　这有帮助吗　　　　　　　　　　　　　　　130
第 11 章　泛光注意　　　　　　　　　　　　　　　　148

第五部分　联结力　　　　　　　　　　　　　　　　159

第 12 章　如其所是，不需矫饰　　　　　　　　　　　162
第 13 章　自由　　　　　　　　　　　　　　　　　　182

结束语　　　　　　　　　　　　　　　　　　　　　　198
致谢　　　　　　　　　　　　　　　　　　　　　　　207
主题列表　　　　　　　　　　　　　　　　　　　　　210
附录　　　　　　　　　　　　　　　　　　　　　　　213
参考文献　　　　　　　　　　　　　　　　　　　　　215

游戏索引

游戏 1	感受我的脚	XVII
游戏 2	有意识地呼吸：冷静呼气法	10
游戏 3	拉拉链	12
游戏 4	呼吸吧！小风车	13
游戏 5	一起摇摆	19
游戏 6	看清楚	23
游戏 7	身心联结	25
游戏 8	神秘盒子	34
游戏 9	盲人摸象	36
游戏 10	鸭子还是兔子	38
游戏 11	小拇指点点	39

游戏 12	感谢农夫	48
游戏 13	感谢链	49
游戏 14	三件好事情	51
游戏 15	生活真美好	53
游戏 16	正念等待	60
游戏 17	一次一小口	62
游戏 18	正念呼吸	75
游戏 19	摇啊摇	77
游戏 20	数呼吸	79
游戏 21	嘀嗒嘀	81
游戏 22	放下猴子	87
游戏 23	选择你的呼吸锚点	89
游戏 24	逐渐消失的声音	91
游戏 25	慢慢走　静静走	94
游戏 26	气球手臂	96
游戏 27	慢动作	97
游戏 28	想象的拥抱	100
游戏 29	友好祝福	104
游戏 30	摇啊摇，摇出友好的祝福	107
游戏 31	祝福难相处的人	110
游戏 32	每一步的友善	112

游戏 33	身心一起来	118
游戏 34	特别的星星	120
游戏 35	蝴蝶身体扫描	122
游戏 36	米拉的游戏	123
游戏 37	这有帮助吗	134
游戏 38	停下来感受呼吸	137
游戏 39	正念提示	138
游戏 40	融化的冰	141
游戏 41	觉察温度计	144
游戏 42	用觉察温度计来玩"我听到了什么"	145
游戏 43	手指圈套	149
游戏 44	摇头娃娃	152
游戏 45	看星星	154
游戏 46	静心觉察	156
游戏 47	你自己的泡泡	167
游戏 48	传杯子	168
游戏 49	"你好"游戏	169
游戏 50	反射	172
游戏 51	三道大门	174
游戏 52	不是箱子	175
游戏 53	友好耐心的观察者	178

游戏 54	祝福全世界	185
游戏 55	五个为什么	188
游戏 56	三个共同点	189
游戏 57	球场人浪	190
游戏 58	传递脉动	191
游戏 59	粉色泡泡	194
游戏 60	我仍然感到幸运	196

第一部分

静心力

"金发姑娘和三只小熊"的故事给人们带来了很多愉快的回忆,但直到最近我才看出这个故事跟神经系统的相关性。从前,有一个金发姑娘,她在穿过森林时发现了一栋小木屋。屋里没人,但她还是进去了。金发姑娘四处打量,发现这是三只熊的家——熊妈妈、熊爸爸和熊宝宝。厨房的桌子上放着三碗粥,她饿了,于是喝了一口熊妈妈碗里的粥:"太烫了!"然后她又喝了一口熊爸爸碗里的粥:"太凉了!"最后她喝了一口熊宝宝碗里的粥:"正正好!"她喝光了熊宝宝的粥,然后走进起居室,看到里面有三把椅子。熊妈妈和熊爸爸的椅子太大了,熊宝宝的椅子大小刚刚好。

你可能已经知道剩下的剧情了:三只熊回到家,发现他们的粥被喝过了,一把椅子坏了,而且还有一个金发姑娘睡在二楼熊宝宝的床上。至少在我这个版本的故事中,金发姑娘明确地触碰到了她自己的耐受性窗口(window of tolerance)。耐受性窗口这个概念是丹尼尔·西格尔(Daniel Siegel)在其著作《心智成长之谜》(*The Developing Mind*)里提出来的,指对孩子来说合适的刺激范围,在这个区间里他们能专注于正在进行的活动,同时能灵活地应对新的想法和情境。不太烫,不太凉,刚刚好。

金发姑娘、神经系统、耐受性窗口……这个故事中蕴藏着家庭生活和人际动力的奥秘。虽然孩子们和家庭的日常生活与默观静修的生活方式相去甚远，但他们仍然越来越被冥想所吸引，并从中学习如何管理压力和复杂的、无法忍受的情绪。与静修的生活方式不同，现代俗世生活的压力导致每个人的神经系统都处于持续的轻度唤起状态。心理学家里克·汉森（Rick Hanson）博士在其著作《冥想5分钟，等于熟睡一小时》（*Buddha's Brain*）中，把这种状态称为"热锅上的人生"。

对很多人来说，轻微强度的压力能促使他们更有效地思考和行动，神经系统的轻度唤起状态对他们来说"刚刚好"，就像熊宝宝的粥和椅子对金发姑娘来说刚刚好一样。但对有些孩子来说，轻度的唤起状态已经超出了他们的耐受性窗口，即使微小的刺激也会干扰其神经系统的正常功能。这不是个人喜好问题，这反映了每个人的神经系统的运作方式。即使对那些比较适应高压模式的孩子来说，情绪刺激也会让他们进入僵住、反应性的"战斗/逃跑"模式。像所有人一样，当感到疲劳、饥饿、病痛、紧张、害怕或烦躁时，这些孩子的耐受性窗口也会变窄。

如果不关注孩子的神经系统状态，父母跟孩子分享正念和冥想就会遇到很多困难。当儿童和青少年处在其耐受性窗口之外时,他们的灵活性会降低,会更容易做出习惯性反应,很难(如果不是完全不可能)对新的想法持开放态度。在一些情境中,孩子们会进入认知容量不足的状态,想不起符合自己价值观的最重要的东西是什么,更不用说做出非习惯性反应了。这时他们亟须有人帮助他们应对不同程度的压力和难以忍受的、强烈的感受,越快越好。基于正念的静心方法可以让强烈的情绪得到即时的安抚,并且效率惊人。一旦孩子们有信心面对强烈的情绪,即使他们体验到某些可怕的情绪,他们也可以继续深入地探索正念和冥想。

第 1 章

有意识地呼吸

当孩子们说他们处理不了压力和强烈的感受时,我总会想起克里斯托弗·罗宾给他的朋友维尼熊的鼓励:"你比你相信的更勇敢,你比你看起来的更坚强,你比你认为的更聪明。"不过,无论是在冥想中还是在日常生活中,感到被强烈的情绪淹没都是很普遍的。如果儿童和青少年可以把注意力从对烦心事的思虑上,转移到对当下感受的体验上,他们就能够扭转情绪的走向。当这样做的时候,他们的神经系统会稳定下来,头脑中会开放出一些空间,这使他们能看到和理解造成他们困扰的诱因。

科学家已经开始了解儿童和青少年的大脑调节情绪的机制。一些脑区与恐惧、焦虑和其他有挑战性的情绪有关，其他脑区则可以让孩子们留意到他们是如何自动对这些感受做出反应的，有时这些脑区还可以改变他们对情绪做出反应的过程。

在一些情况下，自动化的反应是很自然并且应当的，比如，一个孩子正在过人行道，却没有注意到一辆公共汽车正冲他开过来，这时恐惧会激活压力反应，让他迅速避让。然而在另外一些情况下，压力反应既不恰当，也没有帮助，例如，当一个孩子在学业上落后时，翻涌而出的担心和害怕本来可以驱动他去完成作业，但如果他陷入思虑之中，不停地思考不能按时完成作业的后果，担忧和害怕就会激起更多念头，从而进一步激起更强烈的情绪，如此反复，恶性循环，最后这些想法和感受会喧宾夺主，压倒一切。

他知道在头脑中穷思竭虑是没有用的，但又对此无能为力，这就是"情绪劫持"(emotional hijack)，是心理学家丹尼尔·戈尔曼（Daniel Goleman）博士在他的书《情商》（*Emotional Intelligence*）里提出来的。情绪劫持这一机制可以帮助我们理解为什么孩子们在感到过分兴奋或沮丧的时候无法清晰地思考。如果拥有稳定、灵活的注意力，孩子们就可以及时辨认出想法和情绪正在试图控制自己的头脑，从而避免情绪劫持。由于儿童和青少年的认知控制能力发展还不完善，因此他们通常比父母更容易遭遇情绪劫持。

孩子们的体内存在多种管理压力的机制，从能够终止压力荷尔蒙分泌的化学开关，到复杂的、相互关联的神经通路，即神经系统。当其中一种机制被激活的时候，所有其他机制都会受到影响。一些正念游戏正是为压力管理、疼痛管理和静心而设计的，这些游戏通常鼓励孩子们把注意力轻轻地放在呼气上，因为这一简单的注意力转换可以减轻生理和心理的不适。

神经系统是一个由一千亿相互连接的细胞所形成的网络，通过这些相互连接的细胞，信息得以在大脑、脊髓和身体的其他部分之间往返传递。神经系统可以分为两个互相关联的分支体系，即躯体神经系统和自主神经系统。躯体神经系统与自主性运动（跳跃、走路和说话）、反射运动以及能够被意识到的感觉（如疼痛和光感）有关，自主神经系统负责的功能则大部分在我们的意识之外，如心率、血压和消化。为了更好地理解情绪劫持和静心策略的机制，我们来看一看神经系统在危急和平静的情形下分别是怎样工作的。

在紧急情况下，一组被称为交感神经系统的自主神经系统让孩子们的身体进入战斗/逃跑/僵住的状态。在非紧急情况下，另一组神经系统，即副交感神经系统，帮助身体进行休息和消化。这两组神经系统协同工作，让孩子们保持情绪平衡。情绪劫持会让自主神经系统上足发条，高度紧张；基于正念的静心（quieting）法同样也能影响自主神经系统，但并非强化战斗/逃跑反应，而是让其平静下来。

身体对压力的反应是很复杂的，但一般情况下，自主神经系统处于一种平衡的基准态，即在其大部分功能用于调控休息和消化的同时，战斗/逃跑反应机制处于轻微激活状态，以让身体保持警觉和活力。这可能会让很多家长感到惊讶，因为对他们来说，压力以及压力激活战斗/逃跑反应时伴随的肾上腺素飙升，是他们生活的常态。

自主神经系统的大部分功能几乎完全在我们的意识之外，我们只对其中一个功能多少有一些掌控，即呼吸。当孩

子们呼气的时候,他们的大脑对迷走神经(vagus nerve)发出减缓心跳的信号(迷走神经是一条长长的、复杂的脑神经通路,它从大脑出发,经过头部下行至上腹部,结束于下腹部)。当孩子们吸气的时候,这个信号会变弱,他们的心跳会加快。科学家认为迷走神经是身体里最重要的神经,是它支持着我们进行情绪调节、自我安抚和社会交往。

早在科学家懂得这些关联之前,冥想和瑜伽习练者就已经学会运用呼吸来调节自主神经系统,方法是把注意力温和地聚焦在呼吸上:关注吸气可以唤醒能量和警觉的状态(激活战斗/逃跑机制),关注呼气则有助于放松和平静(激活休息和消化功能)。在正念课程中,即使幼儿也能留意到这种联系。在参与了安娜卡·哈里斯(Annaka Harris)(最早在学校教授正念和冥想的老师之一)带领的简短的呼吸游戏之后,一个来自加利福尼亚州托卢卡湖的托卢卡湖小学的八岁学生说:"我注意到当我吸气的时候,我的心跳会快一些;当我呼气的时候,我的心跳会慢一些。"

很多孩子都发现下面这个聚焦于呼气的游戏具有令人平静的效果。

有意识地呼吸：冷静呼气法

我们学习将注意力集中在缓缓吐气的过程上，这可以让我们感受到放松与平静。

生活能力：聚焦力、静心力　　适合人群：所有人群

带领游戏

1. 我们坐下来，挺直腰背，放松身体，将双手轻轻地放在膝盖上。自然地呼吸，同时，我会在你吸气和呼气时数数。

   大声数数，让数数的速度与孩子自然呼吸的节奏一致。

2. 现在，把吸气的长度调整为数 2 个数，把呼气的长度调整为数 4 个数。

   当孩子呼气的时长增加到 4 个数时，将数数的节奏调节到与孩子的呼吸同步。（在吸气与呼气之间，保持自然的停顿。）持续几个这样的呼吸。

3. 现在，回到自然的呼吸。

小贴士

1. 如果想帮助孩子们感觉警觉和清醒，可以把游戏改编为专注于深吸气。可以直接采用冷静呼气法的指导语，只要把延长呼气时间改为延长吸气时间即可（吸气数 4 下，呼气数 2 下）。

2. 在休息时间教孩子们有意识地呼吸，如用餐时间或拼车送孩子们上下学的路上等各种等待的时间。一旦体验到延长

呼气可以让自己冷静下来,孩子们就能利用这个方法来安抚头脑和身体。同样地,他们也可以用深吸气来帮助自己保持警觉。
3. 有意识地呼吸练习更适用于个体练习,个体练习比团体练习效果更好。

当孩子们感觉焦虑不安时,鼓励他们"小口吸气,大口呼气",并在吐气时轻轻发出"呼呼"的声音。如果孩子们正在抽泣,无法正常呼吸,可以请他们伸出食指并假装这是一根蜡烛。鼓励他们用鼻子吸气,好像闻一朵花,然后撅起嘴巴呼气,好像要把蜡烛吹灭。鼓励孩子们缓慢而温和地呼气,让想象中的蜡烛保持闪烁而不熄灭。这样呼吸几次或几分钟之后,孩子们的呼吸就有可能恢复正常。

在练习正念和冥想时,坐着、站着或者平躺都可以,重点是在所有姿势中都需要保持脊柱自然伸直和肌肉相对放松。接下来的游戏会引导孩子们通过完成一组动作来达到挺直的坐姿或站姿。"拉拉链"游戏和本书中其他一些包含运动元素的活动,是我受我的朋友和合作伙伴、《动作的沟通力量》(*The Dancing Dialogue*)的作者、舞动治疗师苏济·托尔托拉(Suzi Tortora)博士启发而设计的。对少儿和青少年,我一般不用"拉拉链"游戏,而会直接请他们在坐着或站立时保持背部挺直、肌肉放松。

拉拉链

我们想象有一条拉链正沿着我们的身体上下拉动,帮助我们挺直背部、放松肌肉。

生活能力:聚焦力　　适合人群:幼儿

带领游戏

1. 让我们假装我们的肚脐到下巴处有一条拉链,正沿着我们的身体上下拉动,帮我们坐(或站)得挺拔。
2. 像这样,将一只手放在肚脐前,另一只手放在腰后,双手不要触碰到身体。

   演示:将一只手放在肚脐前面,另一只手放在腰后。
3. 很好。让我们一起来拉上拉链:拉!

   演示:将双手沿着脊柱、胸腔向上移动,越过下巴和头部,最后停在空中。
4. 现在我们已经被拉链拉紧了,让我们保持身体挺拔,一起来做几次呼吸。

小贴士

1. 可以在游戏末尾加一个彩蛋:当孩子们的手停在空中时,做一个"点赞"手势。

2. 模仿儿童歌曲《头、肩膀、膝盖和脚趾》⊖（Head, Shoulders, Kness, and Toes）来扩展游戏。请孩子们将目光集中在你身上，跟着你一起做动作（不要讲话，只是看、听、模仿）。坐直或站直，让孩子们跟着你，无声地用双手依次触摸你的头、鼻子、肩膀、肚子，如果你愿意，还可以让孩子们触摸你的膝盖和脚趾。如果你要增加游戏的挑战性，你可以把触摸部位的顺序打乱，并加快速度。让你的动作在大、小、快、慢之间来回切换，这样孩子们就有机会练习专注和自我控制。

当孩子们背部挺直地坐好或站直，肌肉放松时，就可以开始正念游戏了。下面这个游戏可以帮孩子们意识到，不同的呼吸方式可以改变大脑和身体的感觉。游戏开始前，你要为每个孩子准备一个小风车，给你自己也留一个。

呼吸吧！小风车

我们向一个小风车吹气，同时留意不同的呼吸方式（快、慢、深、浅）是如何影响我们的身心感受的。

生活能力：聚焦力、静心力　　适合人群：幼儿

⊖ 一首英文儿歌，歌词大意为：头、肩膀、膝盖和脚趾，肩膀、肩膀、触摸你的肩膀，头、头、触摸你的头，膝盖、膝盖、触摸你的膝盖，脚趾、脚趾、触摸你的脚趾。——译者注

带领游戏

1. 我们坐下来,挺直腰背,放松身体,然后把风车拿起来。
2. 我们一起用深长的呼吸吹动风车,同时留意自己的感受。

   讨论要点:你的身体是否感到平静和放松?深呼吸以后,静坐是变得容易还是困难了?
3. 现在,我们一起用短暂、急促的呼吸吹动风车。

   讨论要点:你的身体现在有怎样的感受?急促地呼吸和缓慢地呼吸之后,身体感觉一样吗?
4. 现在,我们用自然的呼吸吹动风车。

   讨论要点:将注意力集中在呼吸上容易吗?你走神了吗?

小贴士

1. 可以围绕不同的呼吸方式进行更细致的讨论:

   在日常生活中,什么时候深呼吸对你是有帮助的?(也许是在烦躁时让你冷静,也许能让你专注。)快速呼吸呢?(也许是当你感到疲倦,想给自己注入活力的时候。)
2. 带领多个孩子玩这个游戏时,在每次讨论前,请他们放下风车。

在接下来的章节中,孩子们将学习使用静心策略,把注意力从负面思维上转移到当下的感觉(听到的、看到的、尝到的、摸到的、闻到的)、词语(数呼吸)或任务上。如果你捏过"减压球"或摸过"忘忧石"("减压球""忘忧石"是可以握在手中,帮助减压的小玩具),应该对聚焦于感官体验而非想法来缓解压力的做法不陌生。很多孩子都发现这些静心方法令人平静,这意味着此时他们神经系统内的战斗／逃跑反应减少,休息／消化反应增多。

第 2 章

注意力的锚点

大人总是鼓励孩子们通过思考去解决问题,但是在感到紧张、焦虑时,无止境地担忧发生的事情反而会增强身体的压力反应。为过度激活的压力反应装上"刹车"的秘诀是,学习留意身体发出的信号(这些信号提醒我们,焦虑的想法和感受即将接管整个大脑),然后孩子们就能放松下来,轻柔地聚焦于一个简单的、情感中性的觉察对象,让注意力稳定下来。

呼吸带来的身体感觉是最常用的锚定工具,这也许是因为呼吸总是和我们在一起。如果把一只手放在心口,感觉胸部随呼吸上下起伏,孩子们就会觉得特别平静和安心。这是来自"正念自我关怀"(另一译法为"静观自我关怀")课程的建议,这门课程是由心理学家和研究者克里斯托弗·杰默(Christopher Germer)博士和克里斯汀·内夫(Kristin Neff)博士设计的。⊖ 杰默在他的著作《不与自己对抗,你就会更强大》(The Mindful Path to Self-Compassion)中解释了为何注意力的锚点非常重要,尤其是在面对强烈情绪的时候:

我们的绝大多数精神痛苦,都源于我们的头脑在众多事物间跳来跳去、筋疲力尽,或一直沉浸于不愉悦的想法和感受。当我们留意到头脑正在如此工作时,我们需要给它一个锚点,一个情感中性的、稳定的关注对象。

一般人都认为冥想就是静坐不动,其实静坐对儿童和青少年来说是很困难的,尤其是当他们感到紧张、焦虑或头脑很忙碌的时候,这正是一些正念游戏特别有用的地方,在这些游戏中孩子们可以行走、伸展和摇晃。除有趣外,在正念游戏中孩子们还能留意到头脑和身体的感觉在运动前后的差异。

⊖ 杰默博士与内夫博士合著的《静观自我关怀:勇敢爱自己的51项练习》已由机械工业出版社华章心理于2020年9月出版。——译者注

在《让孩子远离伤害：父母如何培养自信、快乐、坚毅的孩子》(*Trauma-Proofing Your Kids*)中，彼得·莱文（Peter Levine）博士认为结构化的身体活动可以有效地释放过多的能量，"尤其是如果高度兴奋环节与同等时长的休息环节交错进行，孩子们就能在游戏过程中得到充分放松和稳定。在兴奋与稳定两个环节的共同作用下，多余的能量会被自动释放"。

接下来的游戏"一起摇摆"就同时包含兴奋环节和稳定环节，孩子们反馈说这个游戏能让他们在过度兴奋或烦躁时平静下来。

身体感觉是一个连续谱，最强烈的感觉在连续谱的一端，最微弱的感觉在另一端。最强烈的感觉是"粗粝"，最微弱的感觉是"细微"。粗粝的感觉比细微的感觉更容易吸引注意力，"一起摇摆"游戏里的快速运动就是利用粗粝的感觉来锚定注意力的。聚焦于粗粝的身体感觉是很有效的静心策略，比起细微的感觉，粗粝的感觉更容易把孩子的注意力从情绪化的想法和感受上拉走。在后面有关聚焦力的内容中，孩子们还将学习在身心平稳的状态下细致地觉察细微的身体感觉，从而进一步磨炼和发展注意力技巧。

第 2 章 注意力的锚点

一起摇摆

我们跟随鼓点摇摆身体，以释放能量、集中注意力。

生活能力：聚焦力、静心力　　适合人群：所有人群

带领游戏

1. 我们假装给脚底涂上魔法胶水，把脚底"粘"在地板上。

    假装给一只脚底涂上胶水，并用力踩在地板上；然后是另一只脚。孩子们会跟着你一起做。

2. 你能在脚底紧贴地板的同时摆动膝盖吗？

    摆动膝盖，同时保持脚底紧贴地板，就像双脚被粘住了一样。

3. 现在我们让双脚继续"粘"在地板上不动，同时我们随着鼓点摆动身体。当你听到响亮的鼓声时，加大动作幅度。

    大声击鼓。击鼓时，演示最大幅度的摆动。

4. 听到鼓声变小时，减小动作幅度。

    小声击鼓。击鼓时，演示最小幅度的摆动。

5. 当你听到快节奏的鼓声时，你会怎么做呢？

    快速击鼓，孩子们会回答："快点动！"

6. 如果鼓点缓慢呢?

   慢慢击鼓,孩子们会回答:"慢点动!"

7. 就这样,看看你能不能跟随鼓声而动,当鼓声停止时,变成木头人定住。

   让鼓声时快时慢、时大时小。当鼓声停止时,孩子们会定住。

8. 让我们放松一下,感受一会儿呼吸,然后再来一遍这个游戏。

   等孩子们充分休息后,按照前面的步骤再来一遍。

小贴士

1. 如果没有鼓,可以拍打大腿模拟鼓声。
2. 这个游戏可以用来在久坐之后活动身体。
3. 可以让孩子们轮流带领游戏。
4. "一起摇摆"这个游戏可以坐着玩(在课桌旁或者在地板上围坐一圈),也可以站着玩。
5. 有时现实情况不允许我们摇摆,在这种情况下,可以用轻柔、缓慢的摆动或挤压枕头来代替摇摆,这些动作也是有助于孩子们安静的感官锚点。
6. 其他一些常用的感官体验也可以用于安抚和自我安抚,如前后晃动、拉手、拥抱、唱歌等。

穿插于休息间歇的轻度运动,有助于释放多余的能量,安抚神经系统。这种方式不是只对孩子有效,而是对每个人都有效。运动练习帮助我们放松下来感受自己的身体和情绪。在运动练习中，我们坐好，背部挺直，身体放松，把双臂举到肩膀的高度，抖动，再跟随他的指示用力呼气并放下双手，然后将双手放在膝盖上休息，同时允许想法和情绪自然浮现。当双手放下之后，无论身处何处，无论发生什么，我们就让它如其所是地存在。不需要做任何事，不试图阻挡任何感受，只是休息。无须寻找什么新的东西，或获取某种特殊洞见或状态。无论有什么样的感受和感觉升起，都只需要轻轻地留意到它们，自然、轻柔地感受它们，不需要做任何改变。如果有不舒服的感受出现，你可以放松并信任它们，不用分析或解决它们。

我们现有的对神经系统的了解可以解释为何上述练习有令人平静的效果。这个练习包含简短的兴奋阶段和休息阶段，并强调呼气，这三者的结合，有助于释放多余的能量，并激活自主神经系统的休息/消化子系统。

安住于此刻升起的任何感受，不分析，不处理，只是允许它们存在，这一指引是另一种给过度激活的压力反应装上"刹车"的方式，这一方式同样是基于正念的。从对想法和感受的思考中后退一步，这听起来有点反直觉，幼儿还不具备这一能力，但少儿和青少年可以试一试。

接下来，我将以闪光球○(没有的话就用雪暴球或一罐小苏打水)为道具，向孩子们演示如何抑制对压力的过度反应。这个演示久经考验：先让孩子轻轻聚焦于一个简单的、情感中性的对象，不关注念头和感受，让注意力稳定下来。闪光球里的亮片代表压力和强烈的情绪。然后我们摇动闪光球，让亮片颗粒在球内盘旋，球内的水变得浑浊。接下来，如果把球放在一旁不管，水就会逐渐恢复清澈。这个视觉实验隐喻我们的心从平静、清明的状态转变为有压力的、难以承受的状态，再回到稳定状态的全部过程，孩子们可以把闪光球内发生的一切与自己的身心现象联系起来。

○ 闪光球是一种常见的摆件和玩具，球体一般由玻璃制成，球内有透明的液体和众多细小的亮片，摇动闪光球，球内的亮片会飞起。雪暴球与闪光球类似，球内有白色颗粒，飞起时形似大雪。——译者注

第 2 章 注意力的锚点

看清楚

我们摇动一个闪光球，借此了解心理现象与身体感觉之间的关系。

生活能力：聚焦力、洞察力　　适合人群：所有人群

带领游戏

1. 讨论要点：你能描述承受压力时的身体感觉吗？你能描述承受压力时的心理感受吗？在感受到压力的时候，你还能清晰地思考吗？
2. 当我把球拿在手里不动时，你能透过水清楚地看到球的另一面吗？
3. 如果我晃动这个球，你认为会发生什么？你还能看到球的另一面吗？

   摇晃球体，让球内的小亮片四散纷飞，球内液体变得浑浊。
4. 现在，把你的手放到腹部，感受自己的呼吸。

   停止晃动球，让球内的小亮片沉淀下来。
5. 现在你能透过水看清球的另一面吗？
6. 小亮片消失了吗？没有，它们还在那里。想法也是如此。当我们的心太忙碌时，我们就无法清晰地思考。如果我们只是去感受自己的呼吸，任由想法来来去去，它们就会慢慢沉淀下来，我们的头脑也会再次变得清明。
7. 让我们再试一次。

   重复刚刚的演示。

> **小贴士**
>
> 1. 在游戏开始前,可以用一些身体活动让孩子们活跃起来,这样孩子们才能在游戏中体会到恢复平静的过程。如果孩子们在游戏前就是专注、平静、放松的,在游戏结束时他们可能就感受不到什么变化。
> 2. 冥想并不是放空头脑或消除想法,不过有些孩子会有这样的误解,他们可能还认为在练习中产生想法是不对的。你可以告诉他们,想法和情绪就像玻璃球中纷飞的亮片,有可能是很美好的,只不过美好的想法也可能成为干扰。
> 3. 在幼儿理解这个隐喻之后,你就可以在他们感觉过度兴奋或烦躁时,温柔地提示他们"看看你能否让你的亮片沉淀下来",让他们留意自己的呼吸。
> 4. 告诉孩子们,冥想并不会使日常生活中的压力彻底消失,就像亮片只是沉淀在球的底部,并没有消失。尽管如此,在我们感到太兴奋或烦躁时,仍然可以用冥想来放松和沉淀思绪,这对管理压力很有帮助。当混乱的思绪沉淀下来时,我们就能把发生在自己内在世界和外在世界的事情看得更清楚。

如果孩子们不相信想法和身体感觉之间的联系,静心练习就起不到效果。在下面的游戏中,即使最不相信这种联系的人,也能切身体验到身心的联结——只需想象一下咬柠檬的感觉。单单想一想咬柠檬的感觉（实际上眼前并没有一个柠檬），就能让孩子们抿嘴咂舌流口水了。

身心联结

我们通过想象咬柠檬，理解"心有所想"与"体有所感"之间的联系。

生活能力：聚焦力、洞察力　　适合人群：少儿、青少年

带领游戏

1. 讨论要点：你的想法能改变你的身体感觉吗？你的身体感觉能改变你的想法吗？你的情绪能改变你的身体感觉吗？你的身体感觉能改变你的情绪吗？
2. 我们坐下来，挺直腰背，放松身体，将双手轻轻地放在膝盖上，如果你愿意，可以闭上眼睛。
3. 想象你正坐在餐桌边，面前有一个柠檬。想象你拿起这个柠檬，手里有湿湿凉凉的感觉。想象你把柠檬切成两半，拿起其中一半，闻一闻，然后咬上一口。现在，你的嘴巴里面发生了什么？
4. 讨论要点：在想象中咬柠檬，和真正去咬柠檬，身体反应是不是一样的？这是不是身心联结的例子？你能找出其他例子吗？

小贴士

1. 一旦孩子们理解了身心联结的意思，他们就会留意到自

> 己的身心是怎么联结的。你可以邀请他们跟你分享他们的经历。
> 2. 在带领多个孩子时,你可以用"小拇指点点"游戏来让他们了解,原来别人也有与自己相似的身体反应。
> 3. 孩子们在听想象练习的引导语时,有可能会去分析引导语,而非跟随引导语去想象。分析会让人无法将注意力集中在当下,因此并非每个孩子都会有身体反应。这种情况可能会随着练习的进行而改变,所以如果第一次玩这个游戏时效果不好,可以改天再试一次。

"身心联结"游戏和"看清楚"游戏可以让孩子们储备一些基础知识,以便接下来进行更复杂的讨论,包括讨论过度紧张、心理压力以及如何减轻它们的负面影响。当我请儿童和青少年举例说明心理对生理的影响时,他们常常说,当感到焦虑时会胃疼,当担心或者太兴奋时会睡不好。知道并不是只有自己有这些反应,会让孩子们感到安心,因此我也会分享我自己的类似体验。这个时候请别忘记分享自己愉悦的想法和情绪,这将为后面谈到的慈心想象练习做好铺垫。

第二部分

洞察力
和
重构力

两条小鱼正在一起游泳，碰见一条大鱼迎面游过来。大鱼向它们点头致意："早上好啊，小伙子们！今天水怎么样啊？"两条小鱼继续往前游了一会儿，终于，其中一条转头问另一条："到底啥是水啊？"

这个故事是 2005 年戴维·福斯特·华莱士（David Foster Wallace）在凯尼恩学院的毕业典礼上发表演说时提到的，他的原意是提醒学生们，生活中最明显、最基础的事实，通常也最难被看到和谈及。

我曾经在加州大学洛杉矶分校早教中心的一个研究项目中教课，当看到一个学龄前儿童班级的白板上写着"空气"（atmosphere）这个词时，我想起了华莱士的这个关于小鱼的故事。我问早教中心的负责人盖伊·麦克唐纳（Gay MacDonald），"空气"这个词是不是超出了四岁孩子的理解范围。她提醒我，如果大人抓住合适的教学语境进行教学，那么幼儿也可以理解宏大的词汇。

贯穿在内观训练中的一些宏大概念虽然超出了儿童的发展水平，但我们依然可以用简单、朴实的语言和好玩的游戏来将这些概念传递给孩子们。正如在华莱士的故事里，小鱼们可以在它们不能命名的物质里快乐地游泳，孩子们也可以快乐地具身体现他们还不能理解的智慧、慈悲等抽象的品质。很多长时间练习冥想的成年人也会谦卑地承认，这些抽象的品质同样超出了大人的理解范围。

冥想与园艺有一些共通之处，其中之一是准备的重要性。园艺新手最常犯的错误是在松土之前便播种。正如在播种之前需要持续卖力地把土地中的石头清除一样，揭示导致痛苦的思想和行为模式也需要持久的心理劳动。如果要改变这些模式，需要努力的时间就更长了。改变模式和行为，需要转变世界观，这通常是一个漫长且崎岖的过程。但是孩子们不必泄气，他们只需要记住，在进行内在世界的工作时，不必使用园丁尖锐的鹤嘴锄，相反，温柔和幽默感会更有帮助。

第 3 章

开放的心

我已成年的孩子告诉我,他一直用下面这个故事来提醒自己:我们永远不知道,接下来会发生什么。

一位农夫和他的儿子早上醒来时发现他们的马逃走了。消息不胫而走,他们的邻居知道后说:"真是倒霉到家了!"农夫回应道:"还很难说呢。"

不久,跑掉的马自己回来了,还带回来一匹精壮的公马。邻居大呼:"这简直太棒了!"农夫说:"还很难说呢。"

农夫的儿子骑到公马背上,公马开始蹬腿狂跳,农夫的儿子想驯服它,却被甩到地上摔断了腿。邻居大喊:"太可怕了!"农夫再一次回应:"还很难说呢。"

第3章 开放的心

后来，战争爆发了，村里的年轻人都被征召入伍，农夫的儿子却留下了，因为他的腿断了。邻居祝贺农夫，而农夫耸耸肩说："还很难说呢。"

通过正念和冥想练习，孩子们和他们的父母会逐渐学会自在地面对事物的复杂性和不确定性，就像故事中的农夫一样。我们中的许多人都发现这是一种救赎。美国冥想教学先驱和内观禅修社的联合创始人约瑟夫·戈尔茨坦（Joseph Goldstein）在洛杉矶演讲时提到，他曾试图厘清两种禅修思想之间的矛盾。他对满场的观众说，自己曾为到底哪一派观点是正确的而纠结不已，最终他意识到，这二者不必分出对错。"这真是一种解脱。"他说。在这场演讲七年之后，他在 PBS 电视台的网站上撰写文章，详细阐述了这一洞见：接纳"不知道"，可以带来解脱。

我们不知道的事情很多。我们不知道的远比我们知道的多。放下对观点的执着，对意见的执着，尤其是放下对我们不知道的事情的执着，真是一种解脱。一句新的祷文在我脑海中形成："谁知道呢？"这种不知道不等于困惑，不等于不明。它就像一口新鲜的空气，是头脑中开放的空间。不知道，就是以开放的心去面对那些我们还没有答案的、有趣的问题。

当大一些的孩子，尤其是青少年，学会大方地接受自己并不是万事皆通时，他们就能反转"不知道"通常携带的贬义。如果放下了立刻确定一个答案的需要，孩子们就能比较从容地应对发生的事情。他们更加能够接纳不同意见，并且对接下来将发生的事情充满好奇。对家长来说也是这样。麦拉·卡巴金（Myla Kabat-Zinn）和她的丈夫乔恩·卡巴金（Jon Kabat-Zinn）博士在他们共同的育儿著作《正念父母心》（*Everyday Blessings*）中谈到了保持头脑开放的益处。乔恩·卡巴金是非宗教化正念运动的领导者，他在麻省大学医学院创立了正念减压课程，并有多本关于正念的著作。他和他的妻子写道：

> 正念养育意味着需要时刻记住，在我们与孩子的日常活动中，什么是真正重要的。很多时候，我们需要反复提醒自己那（真正重要的）是什么，甚至承认在提醒自己的那一刻我们不知道什么是真正重要的，因为我们生活的主线、意义和方向是很容易迷失的。但是作为父母，即使在最困难、最可怕的时刻，我们也依然可以有意识地后退一步，重新开始，以新鲜的眼光看待自己，就像第一次一样地问自己："此时此地，什么是真正重要的？"

每一段经历都是独特的，每一个时刻都由无数种因缘际会所造就。就算我们试图穷尽所有看待事物的角度,也不可能真正看透一段经历。造就此时此刻的无数种肇因和条件交织成一张非凡的大网:如果你的父母没有遇见彼此,就不会有你的降生。如果你的祖父母没有遇见彼此,你的父母也就没有机会来到这个世界,你也就不存在了。你的每一代祖先都相互遇见并且生下孩子,他们成为无数因果链条中的一环,才有了现在正在读这本书的你。

除非你我是血亲,否则我们就分别属于完全不同的家族因缘谱系。如果我的祖先中的任何一位没有活过、爱过并且生育后代,你就不会读到这本书,因为我这个作者根本不存在。无论我们是某个神圣计划的结果,还是某种概率的产物,或者两者皆是,我们的星球,包括这个星球上的所有生命和事物,都是一个永恒变化的、相互依存的、神秘的谜团。

虽然幼小的孩子还无法理解每时每刻皆由种种因缘织就这个事实,但是如果他们能接受"我不必知道所有问题的答案"这一观点,在面对不确定性时他们就能从容许多。在安娜卡·哈里斯(Annaka Harris)配文、约翰·罗(John Rowe)配图的绘本《我想知道》(*I Wonder*)中,伊娃和她的妈妈在月光下的树林里散步。当妈妈问了一个问题,而伊娃不知道答案时,她显得很不好意思。妈妈让她放心:"说'不知道'是可以的。"毕竟,连父母也不可能知道所有问题的答案。

有了信心,伊娃的创造力喷薄而出,她的问题一个接一个:"月亮和地球为什么相隔这么近?它们是朋友吗?蝴蝶在来看我之前去过哪里?"伊娃不再为不确定而烦恼,她兴奋地和妈妈一起探索生命的奥秘。

下一个游戏的内容是让幼儿猜测一个外表很神秘的盒子里面有什么东西。"神秘盒子"这个好玩的游戏可以启发孩子们探讨探索新事物是怎样的感觉,不知道问题的答案是怎样的感觉,不知道接下来会发生什么是怎样的感觉……你需要准备一个盒子,在孩子们看不到的时候用一些有趣的物品把它填满,然后把盒子盖好,放在孩子们的面前。

神秘盒子

我们一边猜测神秘盒子里面有什么物品,一边留意自己有疑问但不知道答案时的感受。

生活能力:洞察力、重构力　　适合人群:幼儿

带领游戏

1. 大家猜一猜,神秘盒子里面有什么?
   听听孩子们的答案。

2. 讨论要点：不知道盒子里有什么是怎样的感受？兴奋？沮丧？其他感受？
3. 现在把盒子拿起来，摸一摸，看一看，摇一摇，但不要打开。
   关于盒子里装了什么，你现在有更多猜想吗？
   听听孩子们的答案。
4. 打开盒子看看吧。
5. 讨论要点：不知道接下来将要发生什么是怎样的感受？你是否愿意尝试新事物？当实际上发生的与你期待的不一致时，你有什么感受？在不得不等待时（等待打开礼物、等待去朋友家、排队荡秋千等），你有什么感受？

小贴士
1. 适合放在盒子里的物品：回形针、花、气球、乐高、橡皮。
2. 对非常小的幼儿，在让他们猜测盒子里有什么之前，给他们举一些盒内物品的例子会很有帮助。
3. 让孩子们轮流在盒子里面放东西，然后让其他孩子来猜。

"盲人摸象"这个游戏适合少儿和青少年，它传达的意义是：即使已经做了充足的研究，考虑了全部已知信息，也仍然无法保证得到正确的答案。在开始游戏之前，你可以向孩子展示一幅图片，图片内容是几个闭着眼睛的人正在触摸一头大象的不同身体部位。

盲人摸象

我们闭上眼睛,只触摸物体的一部分,去猜测这个物体是什么。我们学习我们相信什么取决于我们掌握的信息。

生活能力:洞察力、重构力　　适合人群:所有人群

带领讨论

1. 如果让你闭着眼睛摸一头大象的某个部位,你能猜出你摸到的是什么吗?
   - 如果只摸到大象的鼻子,你会以为它是什么?
     (提示:大象的鼻子又长又圆,像一条蛇或一根长长的管子。)
   - 如果只摸到大象的腿,你会以为它是什么?
     (提示:大象的腿又粗又圆,像树干一样。)
   - 如果只摸到象牙,你会以为它是什么?

（提示：大象的牙又光滑又锋利，尖尖的就像一把刀。）
- 如果只摸到大象的耳朵，你会以为它是什么？
（提示：大象的耳朵又薄又宽，像一把扇子。）
2. 讨论要点：讲一讲你因为不了解全部情况而误会别人，或者别人因为不了解全部情况而误会你的故事。

小贴士

如果是跟幼儿一起玩，可以让他们闭上眼睛，然后在他们旁边放一个比较大的毛绒动物玩偶，让他们伸手触摸动物玩偶的一小部分（一条腿、一只耳朵、圆圆的肚子），再让他们猜猜摸到的动物是什么。如果你觉得很难让兴奋的孩子们一直闭着眼睛，可以给他们戴上眼罩（就像在"给驴钉尾巴"游戏里做的那样）。

通常来说，孩子们猜不到他们正在摸的是什么，因为他们看不到完整的图景。有没有可能即使看得到完整的图景，不同的孩子也仍然看到不一样的结果呢？一定有一方是对的，而另一方是错的吗？是否可能有些东西在同一时刻看起来确实像是不同的东西呢？孩子们发现，在游戏"鸭子还是兔子"中，可以看到一只鸭子，或者看到一只兔子，但不能同时看到这两者。

这个游戏是基于著名的视错觉图片而设计的。这张模棱两可的图片最初由美国心理学家约瑟夫·贾斯特罗（Joseph Jastrow）在20世纪初传播开来，并通过奥地利裔英国哲学家路德维希·维特根斯坦（Ludwig Wittgenstein）的作品而知名于哲学界。你可以在本书附录里找到游戏中使用的鸭子/兔子图片。

鸭子还是兔子

我们仔细看一张既像鸭子又像兔子的动物图片，以更好地理解事物的多面性。

生活能力：洞察力、重构力　　适合人群：所有人群

带领讨论

1. 让我们一起来看这张图片。

   向每个人展示卡片背面的图片。

2. 这是鸭子还是兔子呢?

   等待孩子们回答，然后也给出你自己的答案（如果某种动物所有孩子都没看出来，就向孩子们解释怎样才能看出这种动物）。

3. 我们再看一遍这张图片，现在看到的东西是不是不一样了。你怎么看？这是鸭子还是兔子?

4. 谁的答案是正确的?

第 3 章 开放的心　　　　39

5. 我们再来看一遍这张图片。现在它看起来像什么？你的想法有没有改变？
6. 讨论要点：你认为图上画的到底是鸭子还是兔子？有没有可能二者皆是？

小贴士

艾美·克劳斯·罗森索和汤姆·利希滕黑尔德以这张鸭子/兔子图片为灵感，创作了一部创意十足的绘本，你可以和孩子一起阅读并进行扩展讨论。

在下面这个游戏中，孩子们用手势来回答问题，这个游戏展示了日常生活中无处不在的复杂性和矛盾性。

小拇指点点

我们向上、向下或向一侧伸出小拇指，用手势来帮助自己留意自己的感受，并且将感受表达出来。

生活能力：洞察力、重构力　　适合人群：所有人群

带领游戏

1. 我们有很多不同的感受，我们有时快乐，有时悲伤，有时疲倦，有时兴奋，这些感受都是自然存在的。感受没有对错，并且总是在变化。我们此刻的感受很可能与今天早上的不一样，晚些时候的感受又会与现在的不同；有时我们

的感受与他人的感受一样，有时又大相径庭，这些都是正常的。
2. 呼吸，留意你当下的感受。
3. 接下来我将问一个问题，当我说"1，2，3，开始"时，请大家同时用小拇指告诉我你的答案。
4. 这个问题是："此刻静静地坐着，你觉得这是容易还是困难？"如果你觉得容易，就将小拇指指向地面；如果觉得困难，就将小拇指指向天空；如果你的感受在容易与困难之间，就将小拇指指向旁边。1，2，3，开始！
5. 保持你小拇指的方向，这样我们就可以看到每个人此时此刻的感受。记住，这些答案没有对错之分。挺有趣的吧！

只要孩子们玩得投入，就继续问问题。

小贴士

1. "小拇指点点"游戏还可以用来处理一些课程流程方面的问题（比如，谁想休息一下），轻松又高效，不过我们一般用它来检验孩子当下的感受，比如："你现在是精力充沛还是有些疲倦？你现在是平静还是兴奋？你现在是放松还是紧张？"
2. 让孩子们保持手指的方向，并环顾周围，看其他人是如何回答这个问题的。可以预计会存在不同的答案，一些孩子会惊奇地发现不是每个人都和他们意见一致，而那些感到被群体孤立的孩子会很高兴看到有人与自己感受一样。
3. 为了消解特定手势可能产生的积极或消极联想，可以改变

第3章 开放的心

小拇指向上、向下或向一侧所代表的含义。例如,在第一轮游戏中,小拇指向上代表"静坐很难";在下一轮游戏中,小拇指向上的意义改为"静坐很容易"。这样可以避免某种答案与价值判断之间形成条件反射(愤怒是不好的,感恩是好的),从而创造出一个孩子们可以开放地观察内在世界和外在世界的环境。

4. 在少数情况下,少儿和青少年不喜欢"小拇指点点"这个名字。这时可以把游戏更名为"大拇指游戏",请他们用大拇指向上、向下或向一侧来示意答案。

心智是由多面的、有时相互矛盾的想法、感受和信念所组成的集合体。但是,为了理解和控制发生在内在世界和外在世界的一切,孩子们可能会把他们的体验过分简化。孩子们(以及他们的父母)倾向于对内在世界的体验进行删减和分类,给这些体验贴上黑或白、好或坏、对或错、鸭子或兔子的标签,他们对待外在世界也有类似的倾向,他们想要区隔、划分发生的一切。然而生活本身如此复杂,根本不是二元对立的思维所能概括的,生命的体验通常也不

可能被干净利索地归类。

洞察力和重构力能够帮助儿童与青少年发展"后退一步"的能力，避免武断地下结论或做判断。他们将学习用开放的心去看待一段体验，去探索其中的奇妙和复杂性。F. 斯科特·菲茨杰拉德的一句名言描述了这样一种开放的心态："检验一流智力的标准，就是在头脑中同时存在两种相反的想法但仍保持行动能力。"正念和冥想正是帮助孩子们培养这种能力的。年幼的修习者们会发现，相反的事物也是相互依存的，它们可以同时共存于心智之中，如阴和阳、买家和卖家、老师和学生、家长和孩子。

第 4 章

感谢的力量

太执着是一种痛苦。这一洞见可追溯到历史上的佛陀本人,即生于公元前 6 世纪到公元前 4 世纪的乔达摩·悉达多王子。他忤逆父意,在 29 岁时放弃了舒适的王室生活,成为一名游方僧人。在云游多年之后,佛陀在印度菩提迦耶的一棵菩提树下静坐冥想,并发誓:不开悟,不起身。他参透了人类生存的四个洞见:苦是生命的一部分(并非生命的全部);苦有肇因;苦有尽头;最好的是,离苦有方法。

在之后的 2500 年中,科学家、哲学家和诗人跨学科地证实了这四大洞见的正确性。瑟斯(Seuss)博士在其知名著作《你要前往的地方》(*Oh, the Places You'll Go!*)中,用韵文的形式重新表述了第一个洞见："很遗憾我必须要说／一个令人悲伤的真理／好事情坏事情／都会发生在你生命里。"我很喜欢用下面这个故事来展示，为什么太执着会带来不必要的痛苦。

猎人在竹笼里放上香蕉来诱捕猴子，竹条的间隙足够让猴子空手伸进笼子够到香蕉，但猴子如果手握香蕉，它的手就无法伸出笼子。猴子偶然撞上这个陷阱，看见香蕉就伸手进笼子一把抓住香蕉，而猴子一旦抓住香蕉，就绝不再松手，直到被猎人抓住。放手就是自由，但猴子认定这香蕉绝无仅有，不可错过。

困住猴子的是一个常见的陷阱：追逐以为会让自己快乐的东西（吃香蕉），回避以为会让自己痛苦的东西（失去香蕉）。这个故事的寓意是让我们放下香蕉吗？有时候是，有时候未必。当我们真的陷入困境时，放开"香蕉"确实是解决之道，但实际上这个隐喻的"香蕉"与我们的痛苦之间的因果关系，比这个故事所展现的要微妙得多。

通常，对痛苦更好的回应是接纳它的存在，而非完全忽视痛苦，或试图通过穷思竭虑加以解决，而后面二者是人们更普遍的应对方式。这两种应对方式存在以下问题：当我们忽视痛苦，或一遍又一遍地咀嚼痛苦时，不舒适的

第 4 章 感谢的力量

感觉更可能增强。通过改变与痛苦相处的方式，选择去体验痛苦，而非掩盖或分析痛苦，我们可以从习惯性模式中解脱出来。如此一来，头脑中的纷乱逐渐沉淀，这使我们能更清晰地看到内在世界和外在世界发生的一切，并减少习惯性反应。这条学习与生理和心理痛苦共处的非常规道路，需要我们投入很长的时间去发现，投入更长的岁月去修行。这一路伴随着艰辛和痛苦，即便最有经验的冥想者也不能幸免。

幸运的是，苦难中蕴藏着重要的领悟。散文家和小说家皮克·耶尔（Pico Iyer）在《纽约时报》的言论版阐述了他对苦难价值的思考：

> 所有传统中的智者都教导我们，痛苦会带来清明和启示。对佛陀来说，苦是生命的第一法则，因为苦部分来自我们的执着（对小我的过分看重），所以疗愈之道就在我们自身。因此，在某些情况下，痛苦和"把自己太当回事"，是互为因果的。我曾在日本遇见一个90多岁的禅画家，他对我说，受苦是一种幸运，因为它促使我们思考真正重要的事，将我们从短视的自鸣得意中唤醒。禅画家说，当他年少之时，人们都相信应该感谢痛苦，因为吃苦是福。

> 如果大一点的孩子（和他们的父母）能利用苦难带来

的机会,对内在世界和外在世界发生的一切更有觉察,苦难就真的可以成为祝福。当我们留意到健康和幸福是多么脆弱易逝时,我们就能在日常生活中看清万物永恒变化这一主题。当我们认识到自身的快乐是多么复杂多变,并且与他人的快乐休戚相关时,我们将领会人类相互依存这一主题。当我们铭记想法和感受也同样复杂、相互关联、此消彼长时,我们将在接受前面两个主题的基础之上修炼第三个主题:保持开放的心。当我们接受这个事实,即好人的身上也会发生坏事时,我们就领会了正念的第一个洞见:苦难是生命的一部分。

这样的反思通常是被痛苦所激发的,它们增加了我们对世事的洞察,使我们不再轻易地沉溺于对琐事的担忧。皮克·耶尔认为,人类的自恋既是苦的因,也是苦的果。当生活顺遂的时候,人们很容易只关心自己;当逆境来临时,人们开始反思相互依存、永恒变化、清明、接纳和开放的心等主题,这些反思允许我们后退一步,看到人类共同的苦难,看到更广阔的导致这些苦难的因果关系图景(即因果主题)。

当我们视野扩展,看到了更本质的生命议题时,那些以自我为中心的观念就显得微不足道了。当我们意识到生命中有一些人、地方和事物可以帮助我们承受痛苦时,我们才更能领会苦难本身蕴含的祝福。此时，即使我们仍处在苦痛之中，我们也能稍稍腾出一点空间，以感谢和友善的心去容纳他人——这也是交织于智慧、慈悲世界观中的另外两个主题。

不过，我们不需要抱着开阔心智的目的而刻意让孩子们受苦，我们有更简单的方法，如接下来的这个游戏。这种方法可以用一句越南谚语来概括："吃水果时，多想想种树的人。""感谢农夫"游戏的重点在于加强儿童对相互依存主题的觉察，同时，他们也有机会接触到本节的另外两个主题：友善和感激。少儿和青少年不一定适合这个游戏，我们可以请他们直接思考上面那句越南谚语蕴藏的深意。

游戏开始前需要的准备工作包括：一个孩子们可以舒适地吃东西的地方，每个孩子一个纸杯，里面放上几颗葡萄干。

感谢农夫

我们在吃葡萄干之前,感谢把它从葡萄藤送到餐桌的过程中涉及的所有人、地方和事物。

生活能力:洞察力、重构力　　适合人群:幼儿

带领游戏

1. 让我们拿起一颗葡萄干。在吃它之前,让我们想一想,它是怎样从葡萄藤上来到我们手里的。
   - 想想帮助翻松泥土的蚯蚓——谢谢你,蚯蚓!
   - 想想给葡萄藤提供养分的阳光和雨露——谢谢你,大自然!
   - 想想照料葡萄藤、采摘葡萄的农夫——谢谢你,农夫!
   - 想想采集葡萄、晾干葡萄并进行包装的工人——谢谢你,工人!
   - 想想把葡萄干运输到商店的卡车司机——谢谢你,司机!
   - 想想把葡萄干带到这里并分享给你们的人……(孩子们会感谢你)

2. 不客气!现在大家一起来品尝葡萄干吧。把葡萄干放到嘴里,停留一会儿,不要咀嚼,留意嘴巴里的感觉。然后,慢慢咀嚼一会儿。最后,咽下葡萄干。仔细留意每一个动作给你带来的感受。

3. 讨论要点:你以前有没有像这样看待过食物?现在你对葡萄干有什么新的看法吗?

人们共同的倾向是,把注意力更多地投注在自己缺少的部分,而非对已经拥有的部分心怀感恩。家长们总想要更多——更好的工作、更长的假期、更多的银行存款;有时也想要更少——更少的信用卡欠款、体重秤上更小的数字。有时候,我们的欲望超过了我们的能力。在上面这些例子中,我们聚焦于我们所缺少的,而非我们已经拥有的。

一些科学家将这种负性偏向归咎于进化本身,他们认为,对坏消息有更强烈的反应是大脑天生的倾向,因为坏消息意味着危险,而我们的大脑在进化中将生存放在绝对优先的位置上。通过反思和感谢生命中已经拥有的东西,我们可以扭转这一负性偏向。下一个游戏的准备工作包括:将图画纸剪成条,跟其他装饰材料一起放在篮子里。

感谢链

我们记录下值得感谢的事物,提醒我们关注已经拥有的东西,并且看到简单善举的积极影响。

生活能力:洞察力、重构力　　适合人群:幼儿

带领游戏

1. 讨论要点:你得到过他人什么样的帮助?什么是感谢?

2. 我们一起来制作感谢链。首先,在小纸条上写下值得我们感谢的事物,然后,把它们点缀装饰一下,连接成一个链条。
3. 讨论要点:当你感谢某人或某事时,你有怎样的感受?人们是通过哪些方式相互联结的?什么是社区?

链条做好以后,帮助孩子们把链条挂在一个有意义的位置,或者当作礼物送人。

小贴士

这个游戏的主旨是强化"相互依存"这个主题。孩子们会从游戏中了解到,他们与认识或不认识的人之间有着难以想象的联系,比如,无数人参与了把食物带到餐桌上的过程(农民、食品杂货商、厨师),无数人参与了孩子们最喜欢的电视节目或电影的制作过程(作家、经理、演员、导演)。

在练习培养感谢之心的过程中,有时孩子们会产生一些难受的想法和情绪,他们很容易把父母提醒自己要感恩误解为父母在贬低他们面临的挑战,即使事实并非如此。当痛苦的情绪出现时,我们可以鼓励孩子们从一个更宽广的视角来看待自己的感受,而不是掩盖或逃避自己的感受。

如果孩子们既能觉察受伤的感受,又能记住生活中的美好事物，他们就具身体现了他们一直在锻炼的品质——开放的心。"三件好事情"游戏的目的，就是让孩子们练习在感到烦恼的同时全面地看待问题，这种整体性的心态和视角在这种时候特别重要。

三件好事情

当我们感到失望的时候，承认这个感受，同时想一想我们生活中的三件好事情。

生活能力：洞察力、重构力　　适合人群：所有人群

带领讨论

1. 你曾经对某件事情或某个人感到失望吗？
   听一听孩子们的故事。
2. 失望的感受是怎样的？
   肯定孩子们的感受，如果情境合适，可以讨论一下这些感受。
3. 我相信，即使在你感到失望时，你的生活中也依然存在许多美好的事情。让我们一起说出生活中的三件好事情吧。

小贴士

1. 提醒孩子们，这个游戏的目的不是让他们在不高兴时假装高兴，而是让他们了解，可以同时存在两种不同的感受：在遇到困难，感到悲伤、受伤、失望的同时，也能对美好事物的存在心怀感恩。

2. 如果孩子们想不出发生在自己身上的三件好事情,可以帮他们头脑风暴一下。
3. 在让孩子们明白这个游戏不是要他们去掩盖真实感受的前提下,可以用"三件好事情"来轻松幽默地回应家庭生活中的小麻烦。例如,小朋友弄洒了一杯苹果汁,眼看就要哭了,这时你可以这样回应:"啊,这真是让人沮丧啊!在我擦桌子的时候,你能不能说三件好事情给我听呢?"
4. 家长可以鼓励孩子们,当他们陷入一些小失望或小烦恼时,提醒自己想出"三件好事情"。
5. 可以在睡觉前、用餐时等家人团聚(而且也没有人不高兴)的时候,一起玩"三件好事情"这个游戏,以培养对生活心怀感恩的习惯。

下一个游戏叫"生活真美好":孩子们在轻松有趣的情境中,一边坦承自己的烦恼,一边列举一些生活中发生的好事,从而把困难放到更宽广的语境下。我常笑称此游戏为"吐槽游戏"。孩子们围成圆圈,或两人一组,来回滚动一个球。拿到球的人要说一件让自己心烦的事,然后把球滚到另一个人手里,同时说"生活还是美好的"。

这个游戏是受到一个感恩冥想练习的启发而设计的,这个练习是灵磐禅修中心的联合创会老师詹姆斯·巴拉兹教给他89岁的母亲的,游戏的名字则来自冥想教学的先驱者乔瑟夫·戈德斯坦恩。

第 4 章 感谢的力量

> **生活真美好**
>
> 我们来回(或沿圆圈)滚动一个球,同时说出自己的烦心事,最后说一句"生活还是美好的",以此提醒我们记住生活中的好事情。
>
> 生活能力:洞察力、重构力　　适合人群:所有人群
>
> **带领游戏**
>
> 1. 现在我们要把这个球滚动着传给每一个人。当球传到你那里时,请说出一件困扰你的事情,然后把球传回给你的搭档,并说一句"生活还是美好的"。
> 2. 从我开始。今天我的项链丢了……
>   一边把球传给另外一个人,一边说"生活还是美好的"。
> 3. 现在,你来说一件烦心事,并且将球传给别人。
>   随着游戏的进行,指导孩子们加快传球的速度。

一开始你可能会觉得练习感谢像一种纯粹的认知训练,不过,如果一个家庭在顺境时专门安排时间练习感谢,那么在逆境时,这个家庭会更容易感受到生活中的美好。当这种转变发生时,感谢就成为这个家庭世界观的有机组成部分,而不只是一个智力游戏。

第 5 章

此时此刻

自我第一次参加冥想静修以来，正念和冥想已从社会边缘走上了《时代》杂志封面。不过，正念和冥想存在哗众取宠的嫌疑——这个评价来自丹·哈里斯（Dan Harris），《一个冥想者的觉知书》(*10% Happier*)的作者、新闻网主播，他属于你们能想到的最主流的阶层。为了制造时尚噱头，博客和大众娱乐写手过分渲染的同时也过分简化了这两个词，他们常常随意替换使用"正念"和"冥想"，并且经常将这两个词与其他概念混淆。我希望我可以对概念上的区别一笑置之，但我不能，因为它们很重要。

"冥想"这个词在不同的修行传承里有不同的含义。我在"熟悉""通晓"这个意义上使用"冥想"这个词,通过与心智直接"合作",我们可以:熟悉其运作方式,培养出稳定、灵活的注意力;探索我们的内在世界和外在世界;增加对他人、世界和自身的认识;增强积极的品质,即本书探索的几大主题。

"正念"一词来自古老的梵语和巴利文,意为"记得"——记得我们注意的对象。让心智专注于一个选定的对象,不迷失于分心之中,就是正念的注意,或全然的关注。在经典文献中,"正念"一词常常与"觉察"或"知道"等词一起出现,在这个语境中,觉察或知道指的是我们留意自己心理活动的能力。有了正念,我们就对心理过程(我们看到、听到、尝到、闻到、感受到、想到或直觉感知到的东西)有了更强的觉察;有了觉察,我们就能留意到当下我们的心的状态(焦虑的、无聊的、警觉的、分心的)。

通过练习冥想和正念,儿童和青少年可以发展出能在不同的活动中自由切换的、稳定灵活的注意力。例如,他们可以学会将注意力从家庭作业上转移到电话铃声上,然后再回到作业上,或者把注意力从自己的想法上转移到身体感觉或其他任务上。正念注意本身是一种"平等"的注意力，跟不同活动的重要程度和性质无关。[注]它包含对注意力的分配和对注意力的觉察，少儿和青少年可以通过练习达到一定程度的这种觉察，也就是说，当孩子们能够做到正念时，他们能够实时意识到自己的心理过程和状态。

威斯康星大学麦迪逊分校心理健康中心的科特兰·达尔（Cortland Dahl）及其同事在他们于2015年发表的一项研究中，用"元觉察"（meta-awareness）这一术语来表述注意的过程。他们写道，如果没有元觉察，"我们也许能觉察到注意的对象，但无法觉察到思考、感受和感知的过程"。设想一下，有一个青少年坐在电子设备前，筋疲力尽、头昏眼花，他的注意力高度集中甚至"沦陷"于正在做的事情，但他其实并没有留意到自己正在做什么。在这种情况下，元觉察是不存在的，从正念的角度说，他处于迷失状态。

与儿童分享正念时需要谨记，很多孩子在生理发育上还不具备元觉察（注意到心智在当下的活动和状态）的能力。宾夕法尼亚州立大学人类发展促进预防研究中心的创会主任、开创性的社交和情绪学习课程PATHS的设计者马克·格林伯格（Mark Greenberg）博士指出，幼

[注] 即不会因为某件事更重要而特别注意它。——译者注

儿的生理发育水平还不足以理解或练习元觉察:"这些能力究竟何时才能发展出来,存在个体差异,但不太可能早于四年级。"虽然如此,但还没有发展出元觉察能力的孩子,仍然能从正念游戏中获益巨大,他们会变得更专注,更懂得自我调节,更友善。

内在和外在的变化是正念和冥想的终极目标。当孩子们的心智变得更成熟时,他们的言语、行动和关系中也会带有更多的智慧与慈悲。在家庭环境中,变化会这样发生:通过正念和冥想练习,孩子们会拥有更多的智慧和更强的生活能力,提升注意力(attention)、平衡感(balance)和慈悲心(compassion)水平,我称之为ABC。

虽然这三类能力的发展不完全是一个线性的过程,但我们还是可以看到这三者存在一定的次序:从练习注意开始,到情感的平衡,最终发展出慈悲心。一开始的进步是缓慢且有限的,但它们非常有意义,并将随时间累积巨大的收益。稳定、灵活的注意力可以帮助孩子学会聚焦和静心的能力;情绪平衡可以增强他们洞察和重构的能力;带着慈悲的言语、行动和关系(与他人、与自己的关系)可以培养孩子关怀和联结的能力。

也许改变的最大阻碍是孩子们很难清楚、直接地看到自己心智的活动,这也是为什么变化之路一般从培养专注力开始,专注力也是孩子们学习、情绪和社交工具箱的必备工具。如果儿童和青少年拥有控制注意力的能力,那么即使在混乱的情境下,他们也能让自己稳定下来。有了稳定、灵活的注意力,头脑就能变得清晰——这可不是微不足道的成就,清晰的头脑能够看见每时每刻的情境如何由变化、复杂甚至互相冲突的肇因和条件交织而成。这个过程很简单,但并不总是很容易,在情绪剧烈时更是如此。在这个过程中,少儿和青少年汲取的是内观传承千年的教导:以智慧、慈悲之心对待生活,更能彰显个人的价值和道德。

幼儿虽然在发育水平上还不具备练习元觉察必需的认知控制能力,即他们还不能实时地关注自身的心智活动和心理状态,但是他们常常可以具身体现一种与正念很相似的内在品质——带着好奇和兴奋,全然地沉浸于当下,仅仅看着蝴蝶在花园飞舞或鸭子在池塘戏水,就已然心满意足。可悲的是,早在成为父母之前,孩子们身上这种自然的、全神贯注的灵气就已经被日常生活的压力榨干了。

父母和孩子对同一个世界的感知有着很大的区别，前者视世界为压力源，后者则从当下体验到喜悦和奇迹，这种区别在安托瓦妮特·波蒂斯（Antoinette Portis）的绘本《等一等》（*Wait*）中被描绘得栩栩如生。《等一等》讲述了一对母子赶火车的故事，匆忙之中，母亲错过了一个又一个普通又特殊的体验，她的儿子则乐在其中——逗逗腊肠犬，向建筑工人挥手，伸出一个手指让蝴蝶停歇，品尝舌尖上的雨水……当他们到达车站时，一幅壮丽的奇观让两人都停下了脚步，他们任由火车离去，一起站在月台上，为绮丽的双层彩虹而惊叹。

其实，无须双层彩虹，我们也可以发现当下的美好。美好就在我们身边，就在堆肥、洗衣篮、脏盘子和炉子上炖着的晚饭中。甚至当我们在身处车管所排队长龙之中，或者在百无聊赖地等待伴侣或和孩子准备好一起出门的过程中，我们仍然可以发现喜悦和快乐。若有觉察，它们一直都在。

正念等待

我们在等待时,把注意力集中在身边的一个对象(一盆植物、一个咖啡壶、一棵树)上。我们轻柔地凝视它,在放松的同时,留意我们的内心和周围正在发生的一切。

生活能力:聚焦力、关怀力　　适合人群:所有人群

带领游戏

1. 我们舒服地坐着或站着,放松,感受自己的呼吸。
2. 就近选择一个赏心悦目的事物,将目光停留在上面。保持目光柔和,轻轻地把注意力集中在这个对象上。
3. 留意周围发生的所有变化(颜色、声音、光线的变化)。
4. 你的心中有时有一些想法,有时则没有任何想法。当想法出现时,就让它们自然地存在。如果你不过分关注它们,想法就会停留一会儿,然后自行离去。
5. 如果你注意到自己分心了,那就意味着你知道自己的心去了哪里。祝贺你,这就是正念觉察!这时你只需要把注意力带回来,继续轻柔地凝视你的观察对象。
6. 讨论要点:你看到了什么?你看到的东西是否让自己惊讶?你周围的环境是不变的还是变化的?你一开始感觉如何?后来感觉如何?时间过得是快还是慢?

小贴士

1. 如果和幼儿一起做这个练习,让他们说出选择的观察对象之后,再进行下一步。

> 2. 这个游戏很适合与家人在堵车、等待预约或排队的时候一起玩。
> 3. "正念等待"能帮助孩子们在兴奋过度或烦躁时平静下来。

正念游戏全然关注此时此刻，把父母带回孩子的世界，带回此时此地。当我们聚焦于当下时，最庸常的事物也有带给我们喜悦的非凡力量。越南僧人、诗人、和平活动家一行禅师（Thich Nhat Hanh）因向儿童和家庭传授正念而名满天下，他在发表于《正念》(*Mindful*)杂志的文章中写道：

在欣赏壮观的日出时，你越是正念，越是专注，就越能感受到日出的美。假设现在给你一杯清香扑鼻的好茶，若你心神散乱，你就无法真正享受它。你必须正念，必须专注，方能品尝到这杯茶的芬芳和奇妙。这就是为什么，正念和专注是幸福、快乐的源泉。这就是为什么，一个好的修习者懂得如何在一天中的任何时刻，创造喜悦、快乐的瞬间。

正念能培养专注的品质（即聚焦力），因此一行禅师认为正念和专注是发现每一刻蕴藏的快乐、喜悦的前提条件。美国顶级冥想老师、灵磬禅修中心的创始人之一杰克·康菲尔德（Jack Kornfield）博士在他的书《慧心自在》（*The Wise Heart*）中，优美地阐述了专注、快乐、喜悦之间的联系："平静的心中会诞生爱……当爱与快乐相遇时，爱就转化成了喜悦。"

现在我要介绍一个新游戏。首先我们要找一个能舒适地吃东西的地方，选择一种能一口吃一个的简单食物（如葡萄、蓝莓或者葡萄干），把它们装一些在杯子里。如果想创造特别的享受，可以用巧克力（如"好时之吻"）。让孩子们把巧克力含在嘴里，直到它完全融化。请孩子们留意五种感觉：看巧克力，听箔纸被撕开的声音，尝味道，嗅闻，感受巧克力在口腔内的感觉。

一次一小口

我们慢慢地、一口一口地吃东西，放松下来，享受和品尝当下的滋味。

生活能力：聚焦力、关怀力　　适合人群：所有人群

带领游戏

1. 请你拿起一份食物，仔细观察，它看起来是什么样子，摸

起来是什么感觉,闻起来是什么味道。留意当你拿着食物但还没有吃的时候,你有什么样的想法和感受。
2. 把食物放到嘴里,但是先不要咀嚼。留意食物在舌头上的感觉。你的嘴里有口水出现吗?
3. 现在,慢慢地咀嚼食物,然后把它吞下去。仔细觉察在每一步的过程中的感受。
4. 讨论要点:把食物放在嘴里不吃是什么感受?当你咀嚼时,嘴巴里面有什么感觉?当你吞咽时,喉咙里面有什么感觉?你有没有注意到自己有什么想法或者情绪?

小贴士
1. 对于幼儿,可以把这个活动描述为"吃的慢动作"。
2. 问问孩子们,游戏过程中有没有让他们感到惊奇的地方?(孩子们常常会留意到唾液分泌、肚子咕咕叫、兴奋的感受等。)
3. 为了帮助孩子们减少无意识进食,使他们对进食更有觉察,可以请他们留意进食前后的感受。以下是一些讨论要点:你感觉有多饿?你感觉有多饱?饥饿感和饱腹感有区别吗?你是否曾在感觉饱了的时候还继续吃?你总是在饿的时候才吃东西吗?

作为父母,我们很多人都理解《等一等》这个绘本故事里的母亲,她的心思都在赶火车上,完全错过了她的儿子所享受的当下的乐趣。看起来我们大多数人都是这样的。在哈佛大学的马特·基林斯沃思（Matt Killingsworth）和丹尼尔·吉尔伯特（Daniel Gilbert）博士的一项研究中，他们用手机软件随机追踪参与者的想法和感受。人们报告说，半数时间里，他们的心跟正在做的事情并不在一起；当把注意力集中到正在进行的任务上时，他们比分心的时候更快乐。

专注于当下时更快乐，对这条一般性规律，我倒不感到惊讶。令我惊讶的是，当人们专注于一些令人不愉悦的任务时，这一规律仍然成立。加利福尼亚大学洛杉矶分校的荣誉退休教授、正念觉察研究中心的联合创始人苏珊·斯莫利博士指出，在上述研究中，只有在1/3的情况下，参与者会分心到令人愉悦的想法上，考虑到在2/3的情况下分心的对象是不愉悦的或是情感中性的，专注比走神更快乐也就容易理解了。

不过，倒不是说分心一定不快乐。分心和白日梦对发展批判性思维与问题解决能力作用巨大。当孩子们想象不同的选择和后果会给自己带来什么感受时，白日梦会促进自我觉察的发展。当孩子们想象不同的选择和后果会给他人带来什么感受时，白日梦就促进了同理心的发展。

"关于难题的真正有创造性的解决方案常常是人们在

分心时发现的。"斯坦福大学教授、神经内分泌学家罗伯特·萨波尔斯基（Robert Sapolsky）教授在《华尔街日报》上写道，"分心让无聊变得可以忍受。"然而，并非所有的分心和白日梦都是相似的或有用的。就算正在进行的白日梦质量很高（高度创造性、放松和振奋人心），我们有时候也仍然需要从中撤离，回到手头的任务上。

这里我们需要探讨一下白日梦和正念之间的关系。少儿在做白日梦的时候，他们会放松对头脑活动的监控，让思维自由徜徉。某些冥想方法也是如此要求的。冥想和白日梦之间的区别在于是否存在元觉察；少儿在冥想时可以追踪头脑中的活动，但在做白日梦时不行。如果一个青少年在做白日梦时知道自己在做白日梦，那这还是白日梦吗？如果她可以追踪头脑中的活动，那她更像是在冥想而非做白日梦。相应地，如果在冥想中，这位青少年的思绪开始自由游荡，并且陷入了某种想象，那她还是在冥想吗？不是了。走神并不一定是个问题，但如果意识不到自己在走神，就是结束了正念，开始了白日梦。在意识到自己正在做白日梦的一瞬间，正念就又回来了。

科学家尚未对白日梦或正念的标准定义达成一致，但他们普遍同意：花一定时间在积极的、建设性的白日梦上，即有趣的、充满想象力和计划性的白日梦，对孩子的学习能力和大脑的发展是有利的。家长应该如何看待这些关于正念和白日梦的观点呢？没有标准答案，我们需要帮助孩子们去找到最佳平衡。

第三部分

聚焦力

简洁的文字也可以蕴含巨大的力量。1945年的经典绘本《胡萝卜种子》(*The Carrot Seed*)是我最喜欢的儿童故事之一,它由路斯·克劳斯(Ruth Krauss)创作,克拉格特·强森(Crockett Johnson)绘制。一个小男孩想种下一颗胡萝卜种子,全家人都不支持他。在这本12页的书里,作者用了好几页来表现小男孩的爸爸妈妈担心种子长不出来,他的哥哥说种子肯定长不出来。有长达4页以上的内容,我们的小农夫为他的花园除草浇水,却什么也没发生。"后来,有一天,"作者写道,"一个胡萝卜长了出来,就像小男孩相信的那样。"男孩的辛勤劳作得到了回报,我们对他的决心和坚定信念赞叹不已,我们为胡萝卜破土而出而欢呼,为它挤走旁边另一株更大的蔬菜而加油。短短100字里,小男孩用行动向读者展示了耐心(patience)和明智的信心(wise confidence)的力量。要培养坚定、稳固、灵活的注意力,这两种品质是必需的。

孩子们和他们的父母可以通过短时、多次的内观练习来培养稳定、灵活的注意力,一开始练习的强度可以很低。少量多次的练习,就像一滴一滴的水落进一个很大的空罐子里,一滴又一滴,最终水会装满整个空罐子。这一方法不仅管用，而且巧妙，尤其用在年轻人身上时。这一方法也需要耐心和明智的信心。

卓越的冥想老师、内观禅修社的联合创始人莎朗·莎兹伯格（Sharon Salzberg）在《冥想的力量》（*Real Happiness*）中解释说："这就好像你试图用一把很小的斧头来劈一块很大的木头。你砍了99斧，什么也没有发生；当你砍第100斧的时候，木头被劈开了。你可能很纳闷，这次我做了什么不一样的事吗？我握斧的方式不一样吗？我站立的姿势不一样吗？为什么前99下都没用，只有第100下管用呢？当然啊！我们需要前面所有的99次尝试，它们的作用是削弱木头的纤维。在砍到第三十四五下的时候，我们的感受不会太好，好像根本没有任何进展似的，然而实际上是有进展的。"

持续劈击直到木头裂开，需要耐心和明智的信心，就像《胡萝卜种子》中小男孩展示的。同时代的作家阿诺德·蒙克（Arnold Munk）以华提·派尔普（Watty Piper）普尔为笔名出版的儿童经典图书《小火车头做到了》（*The Little Engine That Could*）中，蓝色小火车头的力量不足以把一列装满玩具的大车厢拖上山，但是它开足马力，全力以赴，在整个上山的过程中，它不断对自己说:"我想我可以,我想我可以,我想我可以。"在下山的过程中,它对自己说:"我真的可以,我真的可以,我真的可以。"

这两部作品成书于生活节奏较慢的时代,在当今快节奏的生活中,孩子们还能像这两个深受喜爱的角色一样,表现出如此的耐心和明智的信心吗?如果他们在做一件事时,能将注意力放到事情本身的意义而非结果上,我认为他们也能展现出这两个重要的品质。

第6章

正念呼吸

我第一次尝试冥想,是在纽约的一所禅修中心,跟我的丈夫和一群陌生人一起。我双腿交叉坐在垫子上,凝视白墙,短短几分钟后,我被自己的想法所淹没,我冲出了禅堂,那样子就像头发着火了一样。现在回头看,我已经了解了自己那个时候为什么无法静坐。那时我的家庭正经历重重困难,向内探索实在太艰难、太痛苦。虽然是这些困难让我选择了去禅修,但直到这些事件平息后,我才能重新开始冥想。

不幸的是,下面这个故事中的母亲彻底放弃了。这位聪明能干的职场妈妈告诉我,她用自己学习所有新东西的方式来学习冥想——看书,听一些录音,下载一个手机应用。在做完调研之后,她觉得准备好了,便开始自己练习。然而她每次坐下来练习时,都会被恐惧和无助的感受所淹没。她曾希望冥想能帮助她应对生活中的挑战,但无论使用何种技巧,无论如何努力,这位妈妈从未在练习中体验到平静、放松与安宁,相反,她感到焦虑和不知所措。我已经听过无数个这样的故事:因为在练习中受挫,便放弃了冥想。这只是其中一个而已。

很多孩子认为冥想很容易,而大多数父母在开始时觉得很难。一位从事专业性很强的工作的中年父亲告诉我,他请求一位年轻的正念老师用朴素的语言引导他练习正念,这位老师建议他每天挤出 5~10 分钟,舒服地坐着或躺着,把注意力集中到呼吸上,当想法出现时,忽略这些想法,把注意力带回到呼吸上。

虽然他记住了她的指引,但他无法跟随这些指引。当头脑很忙碌时,他被困在分析问题的脑回路中无法自拔;当想法没那么多时,他又感到无聊昏沉。无论在哪种情况下,这位满怀希望的新手冥想者都

觉得宝贵的时间被浪费了。若冥想时思绪万千,他想此时还不如干脆伏案工作;若冥想时昏昏沉沉,他觉得还不如在后院的躺椅上做白日梦舒服。

前面那位因难以忍受强烈的情绪而停止练习的母亲,和后面这位因迷失在想法或昏沉中而放弃练习的父亲,以及很多其他被冥想吸引的人,他们的目的是希望冥想能修补他们生活中的缺陷,就像几十年前的我一样。出乎意料的是,冥想逐渐颠覆了我对"自我完善"的理解,完美主义逐渐让位于全然地与朋友、家庭和同事共享此时此刻,这让我大开眼界,并品尝到心理自由的滋味。

成为我们自己最好的朋友,需要将心态从自我完善转向接纳发生在我们的内在世界和外在世界的一切。如果接纳这样一个事实,即强烈的痛苦的感受(如焦躁、恐惧、愤怒、悲伤)总会不时出现,我们就能把不舒适的感受视作正常现象,同时知道我们可以接纳这些感受。

对孩子来说,这种转换就好像在说:"静坐真的好难,但这是可以的。每个人都可能有这样的感觉。我可以坐在这儿感觉我的身体,感受我的能量——我的心跳很快,我的腿和手想要移动。我可以深吸一口气,听一听声音,对我的感受和感受的变化保持好奇,这样就很好。"

很多修行传统对冥想的训练都从正念呼吸开始，对其中一些流派来说这甚至就是全部。如此简单又深奥的练习，做起来并不容易。在下一个游戏"正念呼吸"中，孩子们学习放松并把注意力集中在气息进出身体所带来的身体感觉上。不需要刻意地改变呼吸的节奏或强度（孩子们在有意识地呼吸时常有这样的倾向），相反，我们要允许呼吸自然地起伏流动。

对儿童和青少年来说，留意和接纳内在的想法、感受、身体感觉，以及外在的噪声、变动和干扰，看起来就像这样：

我的期末论文明天该交了，我不可能按时交了。嗯，这只是个想法。我正在吸气，我正在呼气。我的朋友竟然没邀请我参加生日宴会，我好生气。嗯，这也只是个想法。吸气，呼气。走廊里这么吵，让我怎么冥想！想法，嗯，我在吸气，我在呼气，我在吸气，我在呼气。我的鼻子好痒，这是一个身体感觉，不过我可以把每一个进入我头脑的想法都标记为"思考"。吸气，呼气，吸气，呼气。我的想法开始慢下来了。天哪！这又是一个想法。吸气，呼气，吸气，呼气。简直不敢相信，我已经停止思考我的呼吸了！啊哦，我又在思考了。嗯，标记一个"思考"。我正在吸气，我正在呼气。

正念呼吸

我们将注意力全部集中在呼吸的感觉上，这可以帮助我们放松并安住在当下。

生活能力：聚焦力　　适合人群：所有人群

带领游戏

1. 我们平躺下来，双腿平放在地板上，手臂放在身体两侧。如果你愿意，可以闭上眼睛。
2. 现在，感受后脑勺与地板接触的感觉。感受肩膀、背部、手臂、手、腰部、腿、脚与地板接触的感觉。
3. 留意吸气和呼气时的感觉。呼吸方式没有正确或错误之分。无论呼吸是快是慢，是深是浅，都没有关系。
4. 留意呼吸时哪里的感觉最明显。是否感觉到鼻子下方气息的进入和离开？是否感觉到腹部上下起伏？是否感觉到肺部充满空气？
5. 选择呼吸感觉最明显的身体部位，将注意力集中在这里一小会儿。
6. 现在，将注意力全部集中在吸气上。你是否能留意到吸气开始的瞬间，然后让注意力追随吸气过程中的感受，直到呼气开始的瞬间？如果感觉难以把注意力集中在吸气上，可以在每次吸气时默念"吸"。

让孩子们自己练习一两分钟。

7. 你是否能留意到呼气开始的瞬间,然后让注意力追随呼气过程中的感受,直到吸气开始的瞬间?如果感觉难以把注意力集中在呼气上,可以在每次呼气时默念"呼"。

让孩子们自己练习几个呼吸。

8. 让我们把上面两步连贯起来,关注呼吸的整个过程,留意每个瞬间。如果感觉难以把注意力集中在呼吸上,可以在每次吸气时默念"吸",每次呼气时默念"呼"。

让孩子们自己练习几个呼吸。

9. 现在让注意力回到身体的感觉上。感受后脑勺、肩膀、背部、手臂、手、腰部、腿、脚和地板接触的感觉。

10. 当你准备好的时候,可以睁开眼睛,慢慢坐起来。呼吸,留意现在有什么感受。

小贴士

1. 平躺通常是孩子们最喜欢的练习姿势,但是正念呼吸练习也可以坐着或站着做。
2. 如果孩子们在坐着或站着做这个练习时难以保持静止不动,可以让孩子们慢慢地、有控制地左右摇晃身体。
3. 由于孩子们的大脑每时每刻都在处理各种各样的信息,因此让他们把注意力集中在呼吸的感觉上是很困难的。这就是为什么我们会在引导语中使用一些历代修习者常用的策略：当难以专注于呼吸时，可在吸气时默念"吸"，呼气时默念"呼"。
4. 练习结束后，留点时间让孩子们讨论他们的感受和体验，可以只分享简单的几个词，也可以进行完整、充分的讨论。
5. 时不时地，让孩子们检视自己的身体是否处在紧张状态，提醒他们放松。

对新手来说，放一个轻薄的枕头（或其他有一点重量的柔软的物体）在肚子上，有助于聚焦于呼吸带来的身体感觉。在下一个游戏中，幼儿在自己的肚子上放上一个毛绒动物玩偶，假装用呼吸带来的上下起伏哄动物玩偶睡觉。少儿和青少年则可以用枕头、垫子或其他柔软有重量的物体来代替动物玩偶。

摇啊摇

我们在自己的腹部放一个毛绒动物玩偶，假装哄它入睡。这个游戏可以放松身体、平静内心。当我们吸气时，动物玩偶随着腹部上升；呼气时，动物玩偶随着腹部下沉。

生活能力：聚焦力
适合人群：幼儿（附少儿和青少年版改编建议）

带领游戏

1. 我们平躺下来,将双腿平放在地板上,手臂放在身体两侧。如果你愿意,可以闭上眼睛。现在,我会在你的肚子上放一个毛绒动物玩偶。
2. 现在,感受你的后脑勺与地板接触的感觉,感受你的肩膀、背部、手臂、手、腰部、腿、脚与地板接触的感觉。你也可以拍拍肚子上的动物玩偶,留意你这时的感受。
3. 留意当你的呼吸带着动物玩偶上下起伏时,你有什么样的感受。你的身体有什么感觉?你的心是忙碌的吗?

   在这里停留 1~3 分钟,再进行下面的引导。
4. 如果你感觉难以把注意力保持在呼吸上,你可以在动物玩偶每次上升时默念"上",下沉时默念"下"。
5. 现在回到身体的感觉。感受后脑勺与地板接触的感觉,感受肩膀与地面接触的感觉;感受背部、手臂、手、腰部、腿、脚与地板接触的感觉。
6. 当你准备好的时候,请睁开眼睛,慢慢坐起来。呼吸,留意你现在的感受。现在的感受和之前有什么不同吗?

头脑的生理功能就是思考,但是在冥想时思考总会让人陷入关于过去与未来的故事之中。新手可以把计数当作一个锚点,利用头脑喜欢思考的天然倾向来集中注意力,因为计数也是思考,只不过一次只思考一个数字。在冥想之外的领域中,人们也常用计数来让忙碌的头脑安静下来，如失眠的人长久以来都被鼓励使用数羊或倒数的方式来让自己入睡。著有《真正的幸福：自我实现的冥想之路》(*Genuine Happiness: Meditation as the Path to Fulfillment*)等众多正念和冥想书籍的学者艾伦·华莱士（Alan Wallace）博士将计数称为"冥想的辅助轮"，因为计数可以暂时占据冥想者的头脑，使其思绪逐渐放慢和沉淀。

数呼吸

我们用数呼吸来培养专注力。就像做运动或玩乐器一样，我们练习得越多，专注力就越强。

生活能力：聚焦力　　适合人群：所有人群

带领游戏

1. 我们坐下来，挺直腰背，放松身体，将双手轻轻地放在膝盖上。
2. 自然地吸气，并在心里默数"1"。呼气时，让你的额头舒展开来。

   伸出1根手指，等待所有的孩子都完成一次呼吸。
3. 再来一遍。自然地吸气，在心里默数"2"。呼气时，放松颈部和肩部。

   伸出2根手指。
4. 现在吸气，在心里默数"3"。呼气时，放松腹部。

   伸出3根手指。

5. 我们再来一次,但这一次我不说话。请大家看着我的手势,让你们的呼吸与我的手势保持一致,同时默数自己的呼吸。别忘了在呼气时放松。
6. 讨论要点:在数呼吸的时候,你的心变平静了吗?你是否感觉到放松呢?你是在几个呼吸后放松下来的?做完练习,你的心是马上就忙碌起来,还是依旧平静?

小贴士

1. 不会默数的幼儿可以用手指计数。请孩子们让自己的动作与你的动作保持一致,跟着你依次伸出3根手指。
2. 全家人可以一起坐在餐桌边轮流带领这个游戏。第一个人依次伸出1、2、3根手指,在静默中带领3个呼吸;然后右侧的家庭成员伸出手指接力,带领接下来的3个呼吸。这样每人轮流带领一遍。
3. 鼓励孩子们进行实验,看看数吸气是否让人精力充沛和警觉,数呼气是否让人放松和平静。
4. 对一些少儿、青少年和他们的父母来说,从1数到10比数到3更有帮助。也有人觉得更少的计数更有效。这几种方式可以都试一下,看看哪种最适合你。
5. 你也可以在吸气时这样数:"1,1,1……"。
   - 请孩子们在吸气时默念"1,1,1……",呼气时放松。
   - 再次吸气时默数"2,2,2……",呼气时放松。
   - 进行10次这样的练习。
   - 还可以尝试在呼气而非吸气时数"1,1,1……"。

下面这个游戏包含一组有趣的动作,在完成动作的过程中,孩子们感受到他们的身体与附近的人和物体的关系,从而加强自我觉察。在引导这个游戏之前,最好准备一张印有老式时钟的图片,这可以让孩子们了解钟摆的样子。下文的游戏引导语指示孩子们坐在地板上,实际上也可以站着或坐在椅子上玩这个游戏。

嘀嗒嘀

我们一边摇摆身体,一边有韵律地哼唱,从而更好地觉察自己的身体。

生活能力:聚焦力　　适合人群:幼儿

带领游戏

1. 讨论要点:时钟发出的声音是什么样的?有谁知道大座钟是什么吗?有谁知道钟摆是什么吗?
2. 现在,我们来练习像大座钟的钟摆一样左右摇摆。请坐好,挺直腰背,放松身体,将双手轻轻放在身体两侧的地板上。
3. 让我们一起举起右手,然后用右手支撑在地板上,同时身体向右侧倾斜。现在,将身体倒向左侧,将身体重心也转移到左侧,左手支撑在地板上。现在,再让重心回到右侧。能感觉到身体向右边、中间、左边移动吗?

4. 现在，我们一边左右摇摆，一边说："嘀……嗒……嘀……嗒……"
5. 接下来我们会停止摇摆，大家一起随着节奏说："嘀……嗒……像个……钟……直……到……我回到……中间……停！"
6. 结束时，就像一开始一样，挺直腰背，放松身体，将双手轻轻放在膝盖上，来几个呼吸。

小贴士

1. 可以把手势版"数呼吸"和这个游戏结合起来，可以让这个游戏更有趣、更有效。当孩子们说完"停"，你就伸出 1 根手指，让孩子们做第 1 次呼吸；然后伸出第 2 根手指，让孩子们做第 2 次呼吸；然后伸出第 3 根手指，让孩子们做第 3 次呼吸。
2. 在这个游戏中还可以加入"逐渐消失的声音"游戏，"逐渐消失的声音"是一个给幼儿设计的正念倾听游戏，本书后半部分会加以介绍。
3. 我们还可以让孩子们随着鼓点前后摇晃。

第 7 章

聚光注意

我们常常告诫孩子们要"注意",却不解释或教他们具体怎么做。为什么?因为很多成年人也不怎么清楚注意力的工作机制。即使我们理性上了解注意力的原理,通常也没有尝试过主动地培养注意力。这正是正念和冥想能起作用的地方。你不需要静坐太久,就能获得超级有用的培养注意力的一手体验。正念可以培养两种运用注意力的方式,一种是聚焦,这种方式让人专注、排除干扰、完成即时目标;另一种是更加开放、包容的注意力,是有趣、创造力和情绪调节的源泉。

借用内观学者和作家安德鲁·奥兰德斯基(Andrew

Olendzki)在《正念临床手册》(*Clinical Handbook of Mindfulness*)中的说法,这两种运用注意力的方式叫作聚光注意和泛光注意。聚光注意是清晰的、稳定的、集中的光束,照亮单个觉察对象。在冥想中,这个觉察对象被称作"锚点"。让孩子们把注意力聚焦于一个锚点、忽略其他事物的游戏,就叫作"锚定游戏"。锚点可以是一个事物(一朵花)或一组事物(一束花)。泛光注意是更广阔、更包容的光束,照亮广阔区域内不断变化的体验。运用泛光注意的游戏叫作"觉察游戏"。我们将在这一章中探索锚定游戏,在第 11 章中介绍觉察游戏。

聚光注意能够让孩子们保持警觉、不分心、注意力集中。其实,在运用泛光注意的情况下,孩子们仍然可以保持警觉和专注,只是将聚光注意和泛光注意分开来解释比较容易理解。泛光注意里有 25% 是聚光注意(不分散的、警觉的、专注的注意力);因此,没有聚光,也就没有泛光。

调节这两种运用注意力的方式的,是被称作"执行功能"的一组相互关联的神经网络,执行功能"从上到下"地控制目标导向的行为。换句话说,执行功能最先处理脑部的信息,而非"从下往上"地从身体感觉开始处理信息。调节执行功能的神经网络可以通过不断的聚焦训练而变得更"强壮"。就像举重训练可以让肌肉变强壮一样,聚焦训练就像是针对心智的锻炼——开拓新的神经通路,并让已经存在的通路变得更强。这正是一个"因果"主题的例子,科学家称之为"神经可塑性"——新的体验使神经细胞的能力和大脑神经网络发生变化。

神经科学家说起神经可塑性时常说:"一路激活的神经元,连成一路。"换句话说,当孩子们不断激活某条神经通路时,这条通路就越强大。执行功能可以高度预测孩子们在未来的学业、社交和情绪领域中的成功,并且对发展某些使用率很高的核心技能非常关键,如记忆、自我调节、注意和注意力转换。由于一些看起来很简单的儿童游戏,如"冻结""头肩膝盖脚趾""西蒙说"等,需要孩子集中注意力、记住规则并展现一定的控制力,因此这些游戏也有利于促进孩子的核心执行技能发育。

目前对儿童和青少年练习正念的研究还不够成熟,但已有的研究显示,正念和冥想有利于执行功能的发展。最早期的研究之一来自"内在小孩"项目,是由苏珊·斯莫利(Suman Smalley)博士牵头、发表于《应用学校心理学》(*Journal of Applied School Psychology*)杂志上的随机控制研究,研究设置是普通教室教学环境,研究对象包括64名二年级和三年级的学生。布赖恩·加拉（Brain Galla）和戴维·布莱克（David Black）在《正念与教育手册》（*Handbook of Mindfulness and Education*）中写道（这一章我本人亦有贡献）：

> 在参与"内在小孩"项目的孩子们中，与控制组相比，初始自我调节能力比较弱的儿童，在自我调节跟踪培训中进步显著。老师和家长都报告了类似的变化，说明这些儿童的自我调节能力在学校以外的环境下也得到了提高。
>
> 老师和家长报告，初始自我调节能力较弱的孩子，在"内在小孩"项目中接受培训之后，他们启动任务、在任务间切换、监测任务进展的能力都得到了显著提高。有趣的是，这三个方面的进步与正念训练中练习的技能是一一对应的：把注意力集中在某个身体感觉上（启动），在一段时间内维持注意力的聚焦（监测），当注意力分散时重新把注意力带回到身体感觉上（切换）。
>
> 虽然只是初步研究，但这些研究结果仍不失为有趣的证据，这表明正念训练对基本健康但自我调节能力相对较弱的儿童和青少年是有益的。

本章的锚定练习可以增强孩子的注意力：把注意力聚

焦在一个对象上，从留意到分心，然后将注意力带回。因为当家长带领锚定练习的时候，也会频繁使用锚点、专注、分心等术语，所以最好能够事先定义一下这些术语，比如：锚点就是你选择用来聚焦你注意力的、就在此时此地的东西；专注就是当你聚焦在你的锚点时的状态；分心就是你的注意力跑到别的地方。

"放下猴子"是一个很有用的视觉演示游戏，可以帮助孩子们与在锚定练习中冒出来的想法、情绪和身体感觉一起工作。这个游戏带来的乐趣和幽默感可以激活团体动力，很适合在内省式练习之后使用。孩子们以猴子桶[一]玩具为道具，学习对抓住自己的注意力的那些想法进行调侃、付之一笑。

放下猴子

我们把数个彩色塑料猴子玩具连成一串，用来展示我们留意到自己的想法并放下这些想法的过程。

生活能力：聚焦力、洞察力　　适合人群：幼儿、少儿

带领演示

1. 讨论要点：你是否曾留意到这样的时刻，自己的注意力不

[一] "猴子桶"是美国常见的儿童玩具。桶状容器中装有若干彩色塑料猴子，猴子的手臂可以互相扣在一起，形成一串链条。——译者注

在当下正在发生的事情上,而是被关于过去或未来的想法带走了?你有什么例子吗?
2. 在这个游戏中,每只猴子代表一个抓住我们注意力的想法、情绪或身体感觉。

举一个分心的例子并拿起一只猴子。

3. 现在请你举出一个例子。你每说一个例子,我就会给"猴子链"加上一只猴子。

让孩子说出三四个例子,每说出一个例子,就给"猴子链"加上一只猴子。

4. 这些都是我们可以放下的猴子,对吗?现在没有任何想法和情绪来分散我们的注意力,所以让我们放下它们。

把"猴子链"放回塑料桶里。

5. 这真有趣,让我们再做一遍。大家还能想到更多例子吗?

小贴士

1. 尽管"猴子桶"是一种幼儿玩具,但它对少儿甚至成人来说也是一种简单、有效的视觉道具。
2. 要扩展这个游戏的意义,可以在游戏结束时开展讨论。这里有一些讨论要点:我们的心有多少次离开此时此刻,游走到过去或未来?想法和情绪是保持不变,还是随着时间而变化?
3. "放下猴子"可以帮助孩子们改变对分心的看法。把"猴子链"拿起来,问问孩子们应该怎么命名注意到走神的那个时刻,孩子们会大声说:"正念!"因为他们知道那时自己的心在哪里。
4. 偶尔，孩子们会提出一些值得进一步探讨的严肃话题。如果时间和场合合适，最好讨论一下困扰他们的事情，但有时候他们会在不合适的时候提出敏感话题，这时，要肯定这个话题和孩子的担心，然后转换讨论的基调和主题。确保找一个合适的时间和地点，再和孩子单独讨论这个话题。

接下来介绍的是以呼吸为锚点的游戏，在游戏中，我们只需要关注最容易感受到呼吸的部位——鼻子附近、胸腔或腹部内部。

选择你的呼吸锚点

我们将注意力集中在呼吸感觉最明显的地方（鼻子附近、胸腔或者腹部），帮助自己放松，专注于当下。

生活能力：聚焦力　　适合人群：所有人群

带领游戏
1. 我们坐下来，挺直腰背，放松身体，将双手轻轻地放在膝盖上。如果你愿意，可以闭上眼睛。留意现在吸气和呼气的感觉。
2. 将一个手指放在你的鼻孔下面，感受气息进入和离开。你能感觉到吗?
3. 接下来,将一只手放在你的胸部,心脏的上方。你能感觉到呼吸时手也在起伏吗?
4. 现在,将手放在你的腹部,感受呼吸时这里的起伏。
5. 将手放回膝盖,自然地呼吸。留意呼吸感觉最明显的身体部位,是鼻子底下、胸部还是腹部?
6. 现在,请你选择一个呼吸感觉最明显的地方,将注意力集中在这里。无论你选择的是哪个部位,那里就是我所说的"锚点"。在接下来的游戏中,我们将会用到这个锚点,如果需要,你可以再次检查一下哪里是你呼吸感觉最明显的地方,开始吧。
7. 非常棒!让我们一起再体验几次这样的呼吸。看看能否保持身体放松,同时将注意力集中在你的锚点上。就这样,我们安住在呼吸的感觉上。

小贴士
1. 这个游戏也可以采用平躺或者站立的姿势来练习。
2. 当带领两个及以上的孩子练习时,请孩子们选好锚点后把手放在头上示意。等到所有人都选好锚点,再继续下面的引导。
3. 练习开始时,先做一个放松的身体扫描会很有帮助。例如:感觉眼皮合上,感觉肩膀放松,感觉手触碰到膝盖,感觉腿触碰到椅子或者地板。
4. 当孩子们练习过几次较长时间的静坐之后,你可以把这个

第 7 章　聚光注意　　91

> 游戏扩展为几分钟的"正念呼吸"游戏。
> 5. 游戏改编：让孩子们另外选择一个简单的、情感中性的对象作为注意力的锚点，比如：声音、身体感觉、计数。

另一个常用的注意力锚点是声音。在下一个游戏中，幼儿仔细地听一种声音从大声响起到慢慢消失的全部过程。就像其他锚定练习一样，"逐渐消失的声音"游戏重在培养聚焦力，但它同时也呼应了"万物永恒变化"这个主题。在游戏的最后，可以问孩子："声音怎么了？"

逐渐消失的声音

我们仔细地聆听一种声音逐渐消失，以帮助我们放松和集中注意力。

生活能力：聚焦力　　　**适合人群**：幼儿、少儿

带领游戏

1. 我们坐下来，挺直腰背，放松身体，将双手轻轻地放在膝盖上。如果你愿意，可以闭上眼睛。
2. 当我摇铃铛时，请大家聆听铃声直至它逐渐消失。当你感觉完全听不到声音时，把手举起来。
3. 接下来，我会再摇几次铃铛。铃声有时短促，有时悠长。请仔细聆听，一旦感觉铃声停止，就把手举起来。

4. 讨论要点：这个声音听起来是什么样的？你现在有什么感受？你的身体感觉放松吗？你的心是忙碌的还是平静的？你觉得声音消失后发生了什么，它去哪里了？

小贴士

1. 玩过一轮之后，不需要引导语就可以重复这个游戏。
   - 把你的手放到自己的腹部，好像你正在感觉自己的呼吸——这会促使孩子们做同样的动作，并提示他们游戏已经开始了。等每个人都准备好后再继续。
   - 摇铃铛，把一只手放到耳朵上，提示孩子们现在要把注意力集中到声音上。
   - 孩子们会在感觉声音停止时举手，等所有孩子都举手后，再继续下一个环节。如果有需要，在声音停止时你可以先举手，提示孩子们这里该举手了。
   - 重复这个过程2次（总共练习3次）。
2. "逐渐消失的声音"非常适合围坐在餐桌边玩。
3. 请记住，每个孩子感觉声音停止的时间是不一样的。
4. 可以将"逐渐消失的声音"和"嘀嗒嘀"游戏结合在一起。当孩子们找到身体的中心，不再左右摇摆时，摇铃铛。
5. 以下是扩展或改编这个游戏的几种方法：
   - 让孩子们保持眼睛睁开，在他们面前放置一个用于集中注意力的物品，比如一块光滑的石头。如果孩子们围坐成一个圆圈，那就把石头或其他物品放在圆圈中心作为聚焦点。

- 改变声音的长度。可以伸手触摸铃铛让铃声提前停止，或者大力敲击让声音延长。只要孩子们能舒服地集中注意力，就让声音延长；如果孩子们焦躁不安，可以让铃声停止。
- 多次摇铃铛，让孩子们数一数共听到几次铃声。
- 用音叉、沙铃或其他乐器来增加其他声音。问问孩子们听到了多少种声音，让他们描述一下这些声音。接着，还可以让他们猜一猜这些声音来自哪些乐器。

要求孩子长时间安静地坐着，是一件费力不讨好的事，这就是为什么要在正念游戏里加入伸展、摇摆和对称性的运动。这一点很重要，游戏中的运动不仅有趣而且有用，可以让孩子们对心理和身体的联结更加敏感。在一些觉察游戏中，孩子们同步做动作，既充满趣味，又有利于他们认识自己和彼此的身体边界，比如：大家一起快速移动，尽量靠近但不碰触到彼此。

对少儿来说，在每次静坐之前玩一点运动游戏也很有价值，它们能帮助孩子们稳定下来。除了让孩子们有机会活动和伸展身体之外，正念运动的意义还在于帮助孩子们提高自我调节能力，同时让坐不住的孩子们也有机会体验成功的练习，还可以帮助孩子们释放多余的能量。

接下来的三个游戏属于运动类的锚定游戏,目的是培养聚光注意。在"慢慢走 静静走"游戏中,孩子们把注意力放在迈步时脚和腿的感觉上。游戏需要划定一个约1.8米长的行走范围,可以用胶带或物品来标记起点和终点;可以用摇铃铛来提示行走开始,没有铃的话口头指示也可以。

慢慢走 静静走

我们慢慢地、有意识地行走,在每次迈步时,感受脚和腿的感觉。

生活能力:聚焦力　　适合人群:所有人群

带领游戏

1. 我们将从起点线,慢慢地走过这片地板,走到终点线。在行走时,我们感受脚底与地板接触的感觉。保持目光下垂,可以让我们更专注。
2. 请大家在起点线站好,挺直背部,放松膝盖,放松肌肉。当我摇铃铛时,我们就开始缓慢地行走。

   摇铃铛。
3. 留意迈步时每只脚的感觉。你体会到你的脚后跟、脚掌、脚趾的感觉了吗?
4. 当我们走到另一条线时,慢慢地转身,停下来等待铃声。铃声是再次开始行走的信号。在等待铃声时,注意观察自己的呼吸。

再次摇铃铛，只要孩子们愿意，就继续玩这个游戏。

小贴士

1. 虽然我们建议使用胶带和铃，但如果没有这些工具也不用担心。孩子们可以在任何形式的起点与终点之间行走，你可以用拍手、打响指或者口头提示来让他们开始行走。
2. 要不时地提醒孩子们留意脚和腿的感觉。这有助于孩子们保持注意力，对一些感觉烦躁不安的孩子也有一定安抚作用。
3. 练习一段时间之后，请孩子们把注意力集中在行走过程中的两个具体部分：放下脚和提起脚。
4. 再过一会儿，请孩子们把注意力集中在行走过程中的三个部分：放下脚，提起脚，向前移动腿。
5. 一旦孩子们理解了这个游戏，就不需要在地板上划线标记行走路线了，他们可以在走廊、房间或户外进行更长距离的行走。

"慢慢走 静静走"游戏帮助孩子们觉察他们在物理空间的移动方式和空间的变换——他们的身体与他人（手臂、腿、手、手肘）、与物品（桌子、椅子、花瓶）的关系，行走的特点（缓慢、迅速、流畅、颠簸/不稳定）。在"气球手臂"游戏中，孩子们把注意力锚定在手臂上

下前后运动的感觉上。这两个游戏同样可以培养自我觉察力。

气球手臂

我们缓慢地上下前后移动手臂,并且让自己的动作与他人保持一致。练习重点是聚焦力。

生活能力:聚焦力　　适合人群:幼儿、少儿

带领游戏
1. 当你给气球充气时,它会变大;给气球放气时,它会变小。
2. 我将向上举起双手,就像气球正在充气并且慢慢变大;然后我会将手放下,就像气球正在放气、缩小。

演示:将双手放在头顶,双手的手指尖相触。保持指尖相触,向上举起手臂,就像一只气球正在充气,然后放下手臂,就像一只气球正在放气。

3. 现在和我一起做这个动作。注意你的手臂、背部和脖子的感觉。
4. 很棒!我们一起再做几次。

小贴士
1. 一旦孩子们明白游戏的玩法,就让他们自己来带领游戏。
2. 可以使用气球作为视觉教具。
3. 改变手臂运动的方向。将手放在胸前,前后移动手臂——

将手臂向前伸远离胸部,然后向后拉靠近心脏。
4. 你还可以让孩子们把动作与呼吸配合起来(气球充气时吸气,气球放气时呼气)。注意,这样的配合不能超过 3~4 个呼吸,因为有的孩子可能会开始感到头晕。

在下一个游戏中,孩子们像树懒一样缓慢移动,以培养聚焦力。可以使用埃里克·卡尔(Eric Carle)的童书《树懒说,慢,慢,慢点儿》("*Slowly, Slowly, Slowly*" *Said the Sloth*),也可以只是请孩子们把注意力聚焦在手臂或腿缓慢移动时的身体感觉上。游戏前,要确保有足够的空间让孩子们移动,而不会互相冲撞或碰到其他物体。

慢动作

我们慢慢地移动身体,将注意力全部集中在身体感觉上,以此锻炼聚焦力。

生活能力:聚焦力　　适合人群:所有人群

带领游戏

1. 让我们体验一下很慢地移动是什么感觉。我们现在一起来做慢动作,像这样。

    演示:移动你的手臂,描述移动时你的肩膀、背部和颈部的感觉。

2. 准备好了吗？确保你周围有足够大的空间，能使你在移动时不会撞到任何人或物品。
3. 现在开始，慢慢抬起一条腿。留意移动时全身的感觉，不仅仅是腿的感觉。
4. 很棒！将腿慢慢放下。现在让我们慢慢弯下腰，用手去触摸地板。保持这个姿势停留一会儿，留意身体的感觉是否有变化，还是说跟刚才一样。
5. 慢慢站起来，然后将头缓慢地从一侧向另一侧倾斜，留意移动时脖子的感觉。你能感受到身体其他部位的感觉吗？现在，闭上眼睛，你感觉怎么样？

小贴士

1. "慢动作"和"气球手臂"是孩子们在排队时或活动间隙练习聚焦力的好办法。
2. 这两个游戏都可以让孩子们自己来带领，一个个轮流带领。
3. 你还可以利用埃里克·卡尔的经典儿童读物《树懒说，慢，慢，慢点儿》来向幼儿演示如何做慢动作：
   - 告诉孩子们，你现在会读一个故事，这个故事会重复很多次"慢，慢，慢点儿"这句话。孩子们每次听到这句话，就要慢慢地举起一只手臂。鼓励他们留意移动时手臂、肩膀、背部、脖颈的感觉。
   - 演示这个动作，描述你缓慢移动手臂时身体的感觉。然后，朗读这个故事。
   - 每次读到"慢，慢，慢点儿"这句话，就慢慢举起你的

第 7 章　聚光注意

> 手臂，孩子们会模仿你的动作。
> - 在读到"豹子问树懒：你为什么这么懒？"时暂停一下，问孩子们："你们觉得树懒很懒吗？就因为它动作很慢吗？"等孩子们回答完再翻到下一页，朗读树懒的回答。
> - 最后一次读到"慢，慢，慢点儿"这句话时，用慢动作移动你的手臂。

正念呼吸（把呼吸的感觉作为锚点）通常是孩子和家长最早接触到的冥想练习。一些人发现聚焦于呼吸很容易，另一些人则认为很困难。有时候，一直喜欢用呼吸作锚点的人也会感到厌倦，或发现这种方法不再有用。这些体验都很正常，因此我们也需要尝试其他的注意锚点。运动、身体感觉、声音、图像、词语，都是方便的、可以提升聚焦力的锚点。

另一个常用的锚定技巧是轻轻地凝视一个物品。在我刚开始跟我的儿子分享正念时，我们会一起坐在垫子上，凝视一个黄色的橡胶鸭。当他觉得烦了，我就把橡胶鸭换成一个亮绿色的塑料青蛙；当他大一些了，我们就一起看一块光滑的石头。

第 8 章

平静的心

视觉想象练习,就是把注意力锚定在头脑中的一个图像以及与这个图像相关的身体感觉上。由于在练习中,孩子们聚焦于一个对象并忽略其他对象,因此视觉想象是一个培养聚焦力和聚光注意的锚定练习。本章的视觉想象练习来源于慈心练习,慈心练习是经典冥想练习谱系的核心。慈心练习的目的是培养同理心和慈悲心,唤醒我们对所有生灵的深深敬意,它为锚定游戏注入了更深的意义。

想象的拥抱

我们想象自己和家人、朋友正在一个宁静的地方,快乐、健

第8章 平静的心

康、玩得开心。

生活能力：聚焦力、关怀力　　适合人群：幼儿

带领游戏

1. 讨论要点：假装在做别的事情或假装在别的地方是什么意思？拥抱一个你在乎的人是什么感觉？如果你想拥抱的人不在你身边，你能给他一个想象的拥抱吗？让我们试一试。
2. 让我们坐下来，挺直腰背，放松身体，将双手轻轻放在膝盖上。如果你愿意，可以闭上眼睛。让我们一起做几个呼吸。我会睁着眼睛看着这个房间。
3. 想象一个你想和朋友、家人一起去的宁静的地方，可以是一个你知道的地方（如你家后院），可以是你从没有去过的地方（如另一个国家），也可以是你想象出来的地方（如小熊维尼故事中的百亩森林）。

   在和多个孩子一起玩这个游戏时，请他们选好想象中的地方后，把手放到头上。我们等每个人都把手放到头上以后，再继续下一步。
4. 想象你在这个宁静的地方能看到、摸到、听到、尝到或闻到一些东西。也许是闻到烤箱中飘出的美味巧克力饼干的香味，也许是听到瀑布水流撞击岩石的声音。
5. 现在，让我们向自己送上友好祝福。给自己一个大大的拥抱，想象你在这个宁静的地方玩得很开心，并默默对自己说："愿我拥有美好的一天，愿我和朋友们玩得开心。"你

可以直接用这些祝福,也可以选择其他祝福并用你自己的话默念出来。

6. 接下来,让我们给自己爱的人一个想象的拥抱。将你的手臂在胸前围成一个圆圈,想象一个你愿意拥抱的人。想象他跟你一起在这个宁静的地方,你们正拥抱彼此。然后你在心里默默祝福他:"愿你快乐,愿你拥有美好的一天,愿你得偿所愿。"
7. 你还想邀请其他人来到这个宁静的地方吗?敞开你的怀抱,让你想要的每个人都进来。想象所有人都面带微笑、纵情欢笑,想象你们紧紧相拥,然后默默向他们送出友好祝福:"愿你们所有人都快乐、健康、强壮,愿你们度过愉快的一天,愿你们深深感受到家人、朋友的爱。"
8. 敞开你的怀抱,想象整个地球是一片乐土,你拥抱这个星球,并默默送上祝福:"愿今天每个人都过得开心,愿我们所有人都健康、安全、平静和满足。"记住,你可以默念这些祝福,也可以选择用自己的话来表达自己的祝福。
9. 现在,请睁开眼睛。深吸一口气,把手伸向天空,呼气时,把手放回到膝盖上。
10. 讨论要点:拥抱自己并把友好祝福送给自己,是什么样的感觉?给他人一个想象的拥抱并把友好祝福送给对方,是什么样的感觉?

小贴士

1. 让孩子们睁着眼睛在头脑中想象一个画面是不容易的,但

第 8 章 平静的心

> 是有些孩子闭上眼睛会感觉不舒服,尤其是在房间里有很多人的情况下。因此,建议你保持眼睛睁开,观察房间内的情况。
> 2. 在孩子们感到烦躁不安时,拥抱自己有自我安抚的作用。还可以在"想象的拥抱"中加入一个触觉的自我安抚元素:邀请幼儿在完成一项任务之后拍拍自己的肩膀,祝贺自己。孩子们可以在游戏开始前这样做,祝贺自己刚刚完成某些任务,比如做家庭作业或帮爸爸妈妈做饭;也可以在游戏结束时做,祝贺自己送出了友好的祝福,培养了友善的品质。
> 3. 在游戏完成后的回顾中,可以让孩子们了解其他一些有自我安抚作用的感官体验:唱歌或听音乐(听觉),洗个泡泡浴(触觉),慢慢享受美味食物(味觉),在大自然里散步(视觉),或将一只手放在心脏部位感受呼吸(触觉)。

在与幼儿进行友善祝福练习时,"想象拥抱"游戏是我的首选。对少儿和青少年,我更多用下面将介绍的另一个游戏。家长需要特别注意:儿童和青少年很容易误解这一类练习,认为这只是想哄他们改变他们对某个人或一群人的看法,或让他们去喜欢他们不喜欢的人。实际上,练习友善想象只需要一颗开放的心,并不需要改变自己的感受。

正如感谢游戏"生活真美好"和"三件好事情"帮助

孩子培养全面看待幸运与挑战的整体心态，友善游戏邀请孩子们尝试同时在头脑中保持相互冲突的想法。在带领友善想象练习之前，提醒孩子，他们有充足、正当的理由不喜欢某个人，或不愿意与他们不尊敬的、不友善的人相处。重点是让少儿和青少年了解，对一个人的感受不一定是单一的，而且即使不喜欢或不尊敬某个人，也可以祝福他平安。

友善想象练习有可能引起强烈的、难以忍受的情绪，不论练习者年龄大小都是如此。如果孩子们不愿意送出友善祝福，不要勉强他们，可以建议他们在进行其他无关活动之前，先做一点不同的练习。

对不喜欢友善想象练习或难以静坐的孩子来说，"每一步的友善"游戏是一个很好的选择；"祝福全世界"游戏很适合幼儿；把送出祝福的对象换成可爱的动物，也会让友善游戏容易一些。如果以上所有选择孩子们都不喜欢，也没有问题，他们可以进行其他活动，比如本书后面会介绍的关系型正念游戏。

友好祝福

我们想象每个人都快乐、平安、健康、安宁，目的是培养友善和专注的品质。

第8章 平静的心

生活能力：聚焦力、关怀力　　适合人群：所有人群

带领游戏

1. 我们平躺下来，将双腿平放在地板上，双臂放在身体两侧。如果你愿意，可以闭上眼睛。
2. 感受你的后脑勺与地板或者枕头接触；感受你的手臂和手放松地沉向地面；感受你的背、腿、脚也放松。
3. 现在，我们将一起送出友好祝福。

   引导孩子们进行下面的想象（或者用你自己的话来表达类似的意思）。

4. 想象你感到快乐，想象你微笑、大笑、很开心。即便你现在并不感到快乐，也没关系，你只需想象自己在笑，在和朋友们一起玩，或者做自己喜欢的事情。
5. 现在，请在心里默默对自己说："愿我快乐，愿我健康强壮，愿我感觉平静和满足，愿我感受到很多爱。"你可以直接用我刚刚说的这些祝福，也可以用你自己的话来表达祝福。
6. 想象一种温暖的感觉从你的祝福中产生，并且当你关注它的时候，它会增强。想象这种温暖的感觉从心脏周围升起。当你默念友好祝福时，温暖的感觉延伸到你的手指、脚趾和头顶，充满你的整个身体。
7. 赋予这种感觉一个颜色，可以是任何你想要的颜色，也许是蓝色、红色或黄色。想象这美丽的颜色充满你的整个身体，并且从你的手指、脚趾满溢出来，扩散到房间里。
8. 想象房间里的其他人也可以感受到这种温暖的感觉，也可

以看到这些美丽的色彩。他们微笑着,很快乐。请默默对他们说:"愿你们健康强壮,愿你们安宁、平安、充实,愿你们的需要得到满足,愿你们感受到很多爱。"默默重复这些祝福或者用你自己的话表达其他祝福。

9. 想象你创造的舒适、温暖的感觉和美丽的颜色充满整个房间,并且从这个房间蔓延出去。想象温暖的感觉持续增长,蔓延至地球上的万事万物。想象你选择的每一个人都可以感受到你的友好祝福,想象你看到他们因为感受到你的祝福而微笑。请默念:"愿你快乐,愿你的需要得到满足,愿你健康强壮,愿你感受到被爱、被重视、被照顾,愿你感到满足。"你可以直接使用这些祝福,也可以用你自己的话表达自己的祝福。

10. 当你准备好的时候,睁开眼睛,再次感受身体与地板接触的感觉。慢慢坐起来,呼吸一下,留意现在有怎样的感受。

11. 讨论要点:说出一些你想送给他人、地球和自己的祝福。在送出这些祝福时你有什么感受?

小贴士

在第一部分"静心力"中,孩子们已经讨论了身心相互影响的各种方式。你可以把那些讨论扩展到友善想象练习中,具体来说,你可以询问孩子们是否注意到在送出祝福之前和之后,自己的感受有没有区别。

下一个游戏是给幼儿设计的,能够培养同理心和慈悲心。它的开头部分是一个培养聚焦力的专注游戏,采用的锚点是呼吸,接下来,专注游戏转化为友善想象游戏,以心理意象为锚点来培养聚焦力。你需要提前准备一些毛绒动物玩偶或柔软、轻盈的物品,比如枕头、豆子袋、坐垫等,把它们放在孩子们的腹部。

摇啊摇,摇出友好的祝福

我们把一个毛绒动物玩偶放在腹部,假装哄它入睡,以此来放松身体、平静内心。当我们吸气时,动物玩偶随着腹部上升;呼气时,动物玩偶下沉。

生活能力:聚焦力、关怀力

适合人群:幼儿(附少儿和青少年版)

带领游戏

1. 我们平躺下来,将双腿平放在地板上,手臂放在身体两侧。如果你愿意,可以闭上眼睛。现在,我会在你的腹部放一个毛绒动物玩偶。

   对少儿或青少年,可以用枕头、靠垫或其他柔软有分量的物品代替动物玩偶。

2. 感受我们的后脑勺与地面接触的感觉。感受肩膀、背部、手臂、手、腰部、腿、脚触碰地面的感觉。你也可以拍拍肚子上的动物玩偶,留意你这时的感受。

3. 动物玩偶随着你的呼吸上下起伏,是一种什么样的感受?你的身体和心理有没有发生任何变化?

   停留1~3分钟,再做下面的引导。

4. 如果感觉难以把注意力集中在呼吸上,可以在动物玩偶每次上升时默念"上",每次下沉时默念"下"。

5. 让我们再来看一看现在的身体感觉。感受后脑勺与地板接触的感觉,肩膀与地面接触的感觉,感受上背部、手臂、手、腰部、腿、脚与地板接触的感觉。

6. 我们将用送出友好祝福的方式来结束这个游戏。从送给自己开始,你可以默念这些祝福:"愿我今天快乐、对他人有帮助、强壮。愿我和家人、朋友过得开心。"你也可以用自己的话表达其他祝福。

7. 接下来,想象一个你愿意送出祝福的对象,当你准备好的时候,在心里默念:"愿你快乐、健康、强壮,愿你安宁,愿你与家人、朋友今天过得开心。"请重复默念这些祝福,或者用你自己的话表达其他祝福。

8. 你还有更多想送出祝福的对象吗?你可以在头脑中想象他们的形象,并在心里默念:"愿你快乐、健康和强壮,愿你感到安宁、安全,愿你今天过得开心。"你可以重复默念这些祝福,或用你自己的话向朋友或者家人送去其他祝福。

9. 现在,让我们给这个星球上的每一个人送上友好祝福。你可以用自己的话来表达这些意思:"愿每个人都快乐、健康、平安、安宁。"

> 10. 现在，睁开眼睛，再次感受身体与地板的接触。请慢慢坐起来，深吸一口气，让手向天空伸展；呼气时，让手回到膝盖上。

任何年龄的修习者都可能发现，向自己送出友好的祝福是不容易的，这非常正常。同样正常的是，不论年龄大小，向曾经对自己不好的人送出祝福，即使不是不可能，至少也是非常困难的。

为了帮助这些孩子，洛杉矶洞见禅修中心的创始人、冥想老师特鲁迪·古德曼（Trudy Goodman）博士以一种创新的方式重构了"祝福难相处的人"这个练习。当孩子明白，送出友好的祝福是为了自己的利益，而不是为了难相处的人的利益时，他们就能用这个游戏帮自己从无助、愤怒、沮丧等痛苦感受中解脱出来。

古德曼还鼓励孩子们从另一个角度重构这个游戏：如果难相处的人感受到更多的快乐和自信，他们就会变得好相处一些。向难相处的人送出祝福，并不意味着必须改变对某个人的感觉，或者必须去喜欢不喜欢的人，也不意味着需要花更多时间与这些人相处，以证明自己是好人。在每次玩过友善游戏之后，可以提醒孩子们，避开这些难相处的人，尤其是那些不友好的、损人不利己的人,是非常明智的。

在引导"祝福难相处的人"练习时,需要注意:以幼儿的大脑发育水平,他们还不足以在祝福和喜欢之间做出明确区分,这是不容忽视的事实。少儿和青少年更适合这个游戏,并且挑选那种"招人烦"的对象就可以了,不要选择那些会引起他们强烈负面情绪的人。可以提醒孩子们,最烦人的人很可能也是他们最爱的人。这个发现可能会帮到那些与兄弟姐妹有冲突的孩子。

祝福难相处的人

我们想出一个我们觉得难以相处的人,向他送上祝福。

生活能力:重构力、关怀力、联结力　　适合人群:少儿、青少年

带领游戏

1. 我们平躺下来,或以一个舒服的姿势坐好,闭上眼睛。
2. 现在,邀请一个你觉得难以相处但你愿意向他送出祝福的人来到你心里。
3. 想象你自己感到很快乐。想象你正在微笑,大笑,玩得很开心。如果你现在没有快乐的感觉,没关系,只需要想象你在笑,和朋友一起玩,或者做你自己喜欢做的事情。
4. 然后,用你自己的话,在心里默念这些祝福:愿我快乐,愿我健康强壮,愿我感受到很多爱,愿我感到满足、平静。

5. 想象你现在感受到一种温暖的感觉,这种感觉在你的关注下增强。想象这种温暖的感觉从你的心脏周围升起。当你对自己默默送出友好祝福时,温暖的感觉延伸到你的手指、脚趾、脸和头顶,充满你的整个身体。想象这种感觉是有颜色的,你能看到这种颜色从你的心脏扩散到整个身体,再蔓延到整个房间里。
6. 现在,邀请那个你觉得难以相处但你愿意向他送出祝福的人来到你心里。记住,你不需要改变自己对他的看法。用你自己的话在心里默默祝福他:"愿你健康,愿你感到满足,愿你平安、安宁。"选择你觉得容易表达的话语和祝福,重复默念。
7. 现在,请睁开眼睛。如果你正躺着,请慢慢地坐起来。呼吸,留意自己的感受。
8. 讨论要点:在送出友好祝福前,你的感受是怎样的?祝福难相处的人是容易还是困难?在送出友好祝福之后,你的感受是怎样的?你对那个人的看法改变了吗?

在练习送出友好祝福时,房间里不一定要安安静静,也不一定要以静坐的形式进行。对父母来说,练习的场景可以是推着满购物车的日用品在忙碌的超市里穿行时,可以是在拥挤的地铁上,也可以是开车的时候。对孩子来说,练习可以在取餐排队时,在校车上,也可以在篮球赛的露天座席上。走在熙熙攘攘的人行道上时,坐在吵闹的剧院里等待电影开演时……在这些时刻，每个人都可以进行这个练习。

在"慢慢走　静静走"游戏中，孩子们有意识地行走，同时将注意力锚定在脚步和腿部的感觉上。在下面的"每一步的友善"游戏中，孩子们同样安静、缓慢、有意识地行走，不同的是，每迈出一步，就在心中送出一份友好祝福。在这两个游戏中，孩子们都在起点和终点之间来回行走。我建议你使用胶带来标记行走的范围，用摇铃铛来提醒开始，但这些工具不是必需的，也可以让孩子们在任何一个划定的范围内行走。不做标记的话，口头提醒也是可以的。

每一步的友善

我们慢慢地、有目的地行走，每走一步，就在心里默默送出一个友好祝福。

生活能力：聚焦力、关怀力　　适合人群：所有人群

带领游戏

1. 请你从一条线开始，慢慢走到另一条线，每走一步，就在心里默默送出一个友好祝福。行走时保持目光下垂，有助于我们集中注意力。
2. 当我摇铃铛的时候，请你开始慢慢地从一条线走向另一条线。

摇铃铛。

3. 每走一步，就默念一个对自己的友好祝福："愿我快乐、坚强，愿我感到平静、满足，愿过去的伤痛渐渐远去。"你可以直接使用这些祝福，也可以换成你自己更喜欢的说法。

4. 当你走到另一条线时，慢慢地转身，等待铃声响起。铃声是再次开始行走的信号。在等待的时候，继续把友好祝福送给自己。

等每个人都到达另外一条线后，再摇铃铛。

5. 让我们走回第一条线。这一次，每走一步，就在心里默默向一个你爱的人送出友好祝福。用你自己的语言表达祝福："愿你快乐，愿你平安、强壮、健康。"在到达另外一条线时，慢慢地转身，等到铃声响起，再重新开始行走。在等待的时候，继续送出友好祝福。

摇铃铛。

6. 现在我们再来一次。这一次，每走一步，就向一个你不熟悉或者根本不认识的人送出友好祝福。用你自己的语言表达祝福："愿你感到满足，愿你得偿所愿。"到达另外一条线时，慢慢转身，等到铃声响起，再重新开始行走。在等待的时候，请继续送出友好祝福。

和幼儿玩这个游戏时，跳过第7步，直接进入第8步。

7. 这一次，在走到另一条线的过程中，如果你愿意，每走一步，就默默向一个难以相处的人送上祝福。这个人可能让你心烦或生气，但又不至于特别讨厌或让你很难受。用你自己的语言表达祝福："愿你快乐，愿你平静、满足。"选择你觉得合适的语言和祝福，重复默念。如果你不想送祝福给这样的人，你也可以选择把祝福送给其他人，或者你的宠物，或者你自己。到达另外一条线时，慢慢转身，等到铃声响起，再重新开始行走。在等待的时候，请继续送出友好祝福。

8. 现在，我们每走一步，就默默地向我们所居住的星球，以及它承载的万事万物送出友好祝福。用你自己的语言表达祝福："愿每个人快乐、健康、平安，愿我们强壮，愿我们和平共处，愿每个人的需要都得到满足。"

练习几次之后，你就不用在地上做标记线了。孩子们可以进行长距离的行走。

小贴士

如果把游戏重点从"友善"改为"感谢"，这个游戏就变成了"每一步的感谢"。可以直接使用"每一步的友善"的引导语，不同的是，孩子们每迈出一步，就对感谢的人（或事物）默默说一声"谢谢"。

越来越多的研究表明，经典的慈心练习对成年人有长期的益处，即使练习的量很小。《休息时就要远离工作》（*The Happiness Track*）的作者、斯坦福大学慈悲与利他主义研究教育中心的艾玛·塞帕拉（Emma Seppala）博士在《今日心理学》（*Psychology Today*）在线杂志上发表了一篇实用易懂的文献综述,介绍了关于友善想象练习对成年人的影响的最新研究成果。

研究发现,友善想象能够①通过激活大脑的共情和情绪处理机制提高情商;②通过减短衰老染色体的标志物,即端粒长度,改善压力应对能力;③通过让我们更乐于助人、增加慈悲心、增强共情能力、减少对他人的偏见、增加社会联结感,改善我们的社交关系;④通过抑制自我批评,提高自爱能力;⑤通过增加积极情绪、减少负面情绪、增加迷走张力(vagal tone),提升幸福感。(记得我们在第一部分中介绍过的迷走神经吗?它是一组复杂的颅内神经,有时被称为身体最重要的神经,因为它支持着社会交往和心理健康。)

友善想象练习的内在过程的起点是祝愿自己安好,然后再向他人和社区送出善意,这遵循之前探索过的 ABC,即从培养自我觉察、注意力(A)和平衡感(B)开始,再过渡到觉察他人和培养慈悲心(C)。

在把注意力的镜头拉远,看见更大的图景和外在世界发生的事情之前,孩子们得先把镜头拉近,看看内在世界发生的一切。"友好祝福"游戏把这个拉近拉远的过程合为一体:向内看,提醒孩子们对自己友善;向外看,则唤醒孩子们对他人和对这个星球的善意。

第 9 章

跳出头脑

在本章中,儿童和青少年将学习用身体扫描冥想练习来关注自己的身体和心理。成人版的身体扫描需要 30~45 分钟,如果时间不够,或者是带着孩子一起做,那么可以在做这个练习时做得更快一点。乔恩·卡巴金(John Kabat-Zinn)博士在《回到感官》(*Coming to Our Senses*)中这样描述身体扫描练习:"它是用注意力系统地扫过整个身体,将友爱的、开放的、好奇的注意力带到身体的各个部位。

你可以在一呼一吸之间完成一次身体扫描练习,也可以用 1 分钟、2 分钟、5 分钟、10 分钟或 20 分钟来完成。当然了,不同速度下的扫描的精细程度不一样。"密切关注身体感觉可以让孩子们更了解自己的身体,这一点很好理解,但孩子们和家长们仍然常常为他们在这个过程中所了解到的一切感到惊讶。

像友善想象练习一样,身体扫描和其他基于感官的游戏有时会引发令人恐惧的、难以承受的感受。把注意力专注于身体或身体的特定部位,对那些曾经历过创伤、疾病、虐待、忽视或对自己的身体有负面意象的孩子来说特别困难。

冥想老师、心理治疗师特鲁迪·古德曼建议,有创伤史或感觉身体扫描练习很难的孩子可以缩短练习时间。长版的身体扫描有可能引发焦虑,但花几分钟关注身体感觉可能具有安抚的作用。克里斯托弗·威拉德(Christopher Willard)博士在《正念成长》(*Growing Up Mindful*)中建议,不喜欢身体扫描的孩子,可以尝试一些稳定化的活动,比如通过五种感觉将注意力导向外部锚点。

古德曼为孩子们设计了两种有趣的方式,让他们可以运用外部锚点来观察身体的不同部位。

一种方式是,在心里默默地向某些身体部位发送友好祝福,像这样:愿我的脚在拖鞋里又暖又舒服,愿我的腿在骑车时特别强壮,愿这个周末我的脚趾头快乐地钻到海滩的沙子里,愿我的肚子饱饱的。

另一种方式是，在心里默默地感谢自己的身体：谢谢你，我的脚，你会站，会走，会跑，会跳，还会舞蹈，愿你快乐、平安、强壮。其他聚焦于外部锚点的稳定化游戏还包括本章末尾会介绍的"米拉的游戏"，以及前面的章节中已经介绍的"一起摇摆""一次一小口""逐渐消失的声音""慢慢走　静静走""气球手臂""慢动作"和"摇啊摇"。

第 2 章的"身心联结"和"看清楚"游戏帮助孩子们理解想法影响着感受。本书后面还会介绍一些关系型游戏，帮助孩子们意识到身体和情绪的联系。还有一个游戏——"身心一起来"，它可以直接而生动地让孩子们意识到当下发生在头脑中和身体上的一切都是紧密联结的。在这个游戏中，孩子们两人一组面对面坐着，或者一组孩子坐成圆圈，来回或依次滚动一个球，同时快速命名他们正在感受到的一种身体感觉和情绪。在这个游戏中不用球也可以。

身心一起来

我们来回滚动一个球，同时快速说出我们现在的身体感觉和情绪。

生活能力：聚焦力、洞察力　　适合人群：所有人群

带领游戏

1. 现在我们要把这个球滚动着传给下一个人。当球传到你那里时,请你很快地说出你现在心里的感受和身体的感觉,如:"我的心感到快乐,我的身体感到放松。"
2. 从我开始。我的心有点紧张,我的身体感觉僵硬。
   把球传给你的同伴。
3. 现在请你来说一下你的心理感受和身体感觉,然后把球传给下一个人。(例如:"我的脚感觉痒,我感觉很可笑。)
   随着游戏继续,引导孩子们加快节奏。

小贴士

一家人围坐在餐桌前或堵车时也可以玩"身心一起来",不需要球。

正念减压课程里的身体扫描练习就像许多健身和戏剧课程中教授的渐进性肌肉放松练习一样,先把注意力集中到脚趾,再将注意力移动至头部。我的冥想老师们在教授这个练习时,倾向于使用相反的方向,即从头开始,移动注意力至脚部。

哪一种方向更好,或者注意力移动的方向到底重不重要,对于这些问题没有一致的结论。我选择"从头到脚"的方式,因为以这种方式练习时,注意力是逐步远离思想所在之处,转向身体感觉的。这种方式有助于我和我课程上的孩子们和家长们,从头脑中跳出来,关注身体。在下一个游戏"特别的星星"中,孩子们用注意力扫描身体,从头部开始,在脚趾结束。

特别的星星

我们想象夜空中有一颗特别的星星,它能让我们的身体放松,心情变平静。

生活能力:聚焦力　　适合人群:所有人群

带领游戏

1. 我们舒服地坐着或者躺着,闭上眼睛。自然地呼吸,留意吸气和呼气时的感受。
2. 现在,想象天空中有一颗星星,它只为你而存在。它看起来可以是任何模样,可以是任何颜色、任何材质,并且和所有事物一样,它也许时时刻刻都在变化。它有时大,有时小,有时亮,有时暗,但它一直在那里。
3. 让我们感受这颗星星给我们身体的不同部位带来的温暖的感觉。

   - 当星光照耀到你的前额时,你感觉前额放松了,一天中

> 所有的压力和紧张都消失了。
> - 然后想象星光照耀到你的肩膀……手臂……手……胸膛……肚子……腰部……腿……脚踝……还有你的脚。
> - 最后,想象你的整个身体在温暖的星光中放松下来。
> - 感受放松的感觉,让整个身体沐浴在星光里,再休息久一点。
>
> 4. 当你准备好的时候,慢慢坐起来,手向天空伸展。做一个深呼吸,呼气时,将手臂放下。
> 5. 讨论要点:在身体扫描的过程中,你的身心发生了什么?你以前有没有过这种体验?如果有,是什么时候?

正念觉察最大的益处之一在于其灵活性。正念可以提升孩子们在不同类型的体验中转换注意力的能力,比如先觉察想法,再关注情绪,再聚焦于身体感觉。在正念认知疗法(津德尔·西格尔(Zindel Segal)博士、马克·威廉斯(Mark Williams)博士和乔恩·蒂斯代尔(Jon Teasdale)博士以正念减压疗法为基础共同创建的心理治疗项目)中,身体扫描练习被用来培养注意力在不同对象之间转换的能力。儿童和青少年在下面这个游戏中也能体验这种转换。这个游戏坐着、站着或躺着做都可以。

蝴蝶身体扫描

在一只想象中的蝴蝶的帮助下,我们将注意力从身体的一部分转移到另一部分。

生活能力:聚焦力　　适合人群:所有人群

带领游戏

1. 舒适地坐着或者躺下来,闭上眼睛。自然地呼吸,留意吸气和呼气时的感觉。
2. 现在,想象一只如羽毛般轻盈的蝴蝶,它可以是你喜欢的任何颜色。花一点时间,在你心里勾勒出这只蝴蝶的样子。
3. 想象你的蝴蝶正在你身边飞舞。接下来我们会想象这只蝴蝶在你身体的不同部位停留,当它落下时,那个部位会感觉放松、舒服。
4. 我们从额头开始。想象蝴蝶停留在这里时,你的额头舒展。
5. 想象蝴蝶翩然离开你的额头,移动到你的肩膀,当它落下时,这一侧肩膀放松。

   继续想象蝴蝶在身体的不同部位停留。
6. 现在,放松整个身体,感觉自己呼吸的节奏慢慢稳定下来。
7. 当你准备好的时候,深吸气,将手向天空伸展。呼气时,放下手臂。

在安娜卡·哈里斯(Annaka Harris)的课堂上,孩子们有机会创造他们自己的正念游戏。一个叫米拉的五岁小女孩创造了一个非常深刻的游戏。"米拉的游戏"和"蝴蝶身体扫描"一样,是一种练习有意识地让注意力在不同的身体感觉之间移动的方式。

米拉的游戏

我们在不同感官之间转换注意力,从看到感受,到移动,再回到看,这帮助我们留意我们每时每刻所能觉察到的所有不同事物。

生活能力:聚焦力　　**适合人群**:幼儿、少儿

带领游戏

1. 我们坐下来,挺直腰背,放松肌肉,将双手轻轻地放在膝盖上。接下来我将在你面前放一块石头,请你看着这块石头。
2. 当我摇铃铛时,请你把它捡起来,闭上眼睛,感受一会儿石头在你手里的感觉。

    摇铃铛。

3. 当我再次摇铃铛时,请睁开眼睛,看着你手中的石头,持续几个呼吸的时间。

    摇铃铛。

4. 当我第三次摇铃铛时,把石头放回到地板上,再次看着它。

    再次摇铃铛。

5. 让我们将整个过程再重复一次,但这一次我们全程不说话,

我只摇铃铛提示下一步。

- 铃声 1：拿起石头，闭上眼睛，感受手中的石头——呼吸
- 铃声 2：睁开眼睛，看着手中的石头——呼吸
- 铃声 3：将石头放回到你面前的地板上，看着它——呼吸

小贴士

1. 可以两人一组玩这个游戏；如果有多个孩子，就让他们围成圆圈。在每一轮结束时，让孩子们把石头放在他们的同伴面前（如果孩子们是围成圈坐的，就让他们把石头放在他们左侧的孩子面前）。这样一来，每个人在下一轮时就可以看和感受一块新的石头。
2. 为了让游戏更个性化，可以让每个孩子带一个特别的石头、贝壳、树叶等其他物品到游戏中。

通过本书第一部分的游戏，孩子们已经学到，压力不一定是不好的，不同的人对压力的回应方式不一样，如果适当地管理压力，压力可以是有益的。毕竟，少量的焦虑可以激励青少年在考试或体育比赛中取得优异的成绩。管理压力的关键在于觉察到压力反应开始"接管"整个系统的时刻。

通过基于感官的练习（如身体扫描），孩子们学习识别

身体的信号,以能够敏锐地觉察到开始失去平衡的一刻。越早识别出这些信号,孩子们就越有可能从对压力体验的反复思量中跳出来,放松下来,把注意力转移到简单、情感中性的锚点上,等待头脑和身体安静下来,从而熄灭被过度激活的压力反应。

第四部分

关怀力

一个杂技演员和他的学徒受邀爬上城镇广场中心的竹竿顶端进行表演。表演开始之前,杂技演员对学徒说:"我先爬上去,你跟在我后面,然后站到我肩膀上。我们都上去了以后,你帮我保持平衡,我帮你保持平衡。"这似乎是个很合理的要求,对吗?他的学徒却不以为然,她说:"这可不行。你照顾你的平衡,我照顾我自己的平衡,否则我们都会掉下来受伤的。"

学徒的回答看起来很莽撞,但是她的观点很敏锐也很重要:只有在照顾好自己的情况下,她才能顾及她的师父。在每一次飞机起飞前,乘务员都会提醒我们,遇到紧急情况时应该首先为自己戴上氧气面罩。先照顾好自己才是照顾他人的最好方式,学徒帮助师父的最好方式是首先保证自己的平衡。

正念、冥想等创造性的方式也一样,平衡这个概念代表的品质很神秘,要想描述清楚很困难。我们要想知道自己处于平衡的状态,就必须体验到平衡感。正如学徒对杂技演员说的,没有人能为我们找到平衡,我们必须自己找。

父母常常把家庭的需要置于自己的需要之上,即使这么做会造成损失。借用一行禅师的话:"如果我们不懂得照顾自己、爱自己,我们也就没有能力照顾我们爱的人。"我们常常忘记,当我们感到疲倦枯竭时,我们对别人并不好。压力、强烈的情绪、耗竭等因素,会压缩我们的耐受性窗口,让我们失去平衡。

当我们无法容忍一些平时可以容忍的体验时,就是神经系统在发出信号,提醒我们要重新审视自己的状态,更好地照顾自己。要做到这一点,我们需要维持健康的人际边界。如果正念和冥想的相关主题被误读,或教授的方式不正确,那么它们反而有可能阻碍孩子们和家长发展健康的人际边界,而健康的边界对平衡家庭、学校、友谊、日程和工作是非常重要的。

在孩子们遇到困难、需要具体的帮助和引导时,只是告诉他们要友善、善良、感恩、慷慨、平衡或关爱自己,只会令他们更沮丧。生活的复杂程度不是心灵鸡汤可以概括的,孩子们和父母需要具体的工具,来帮助他们识别他人的行为是否超出边界,从而照顾好自己。

如果能够正确地解读、学习正念和冥想涵盖的主题与能力,我们的明辨力就将得到发展,从而建立起健康的边界感。明辨力在牛津词典中的释义是"做明智判断的能力"。明辨力是智慧、慈悲的世界观的核心主题之一。通过培养明辨力的练习,孩子们和父母将学到如何应用智慧的价值排序,即在具体的言语、行动和关系中,关注共同的主题(比如友善、感谢、接纳),而非结果。

第 10 章

这有帮助吗

孩子们有各种各样的习惯,有一些是身体的(把关节弄出响声、用手指绕头发),有一些是口头的(如口头禅),还有一些是心理的(担心、白日梦、批判、过度分析)。习惯是自动运作的,重复一个习惯会强化与这个习惯相关的大脑回路,让习惯变得越来越难以打破。

在本书的第三部分中,孩子们了解到,同时被激活的神经元也同时被连接在一起,也就是说,一个特定的神经网络被激活得越多,它就会变得越强,影响力也越大。

想象一下,如果要步行穿过一个公园,在一大片高高的野草中间,有一条被踩踏出来的小路。怎样能最快、最容易地到达另外一边呢？自然是选择这条已经存在的小路。孩子们也是这样做的。

大脑是由神经通路塑造的，就像步行小径塑造了田野的模样。这两种通路都是通过重复使用来建立和巩固的。神经通路部分由遗传决定，但它们也是由孩子们每天的言语、行为、思想和生活经验来塑造的。儿童和青少年越是激活原有的神经通路（通过他们的思想、言语和行为），大脑中的活动就越有可能自动地沿着这些通路进行。特定的思想、言语和行为模式就是这样形成的。

一种习惯越是顽固，其相关的神经通路就越是粗壮，要打破这种习惯就需要更大的努力和决心。比如，如果孩子们每天早上醒来的第一件事是刷社交媒体，不久之后这就会成为他们的大脑对"醒来"的默认的、自动化的反应，即使他们说，"你知道，也许我不应该每天早上都这么做"。这种怀疑并不足以克服刷社交媒体的冲动。光有动机是不够的。要打破一个习惯，需要动机加上反复的行动。

行为是形成性格（即一组人类特质）的工具，而塑造性格的起点是觉察。首先，儿童和青少年确认他们想要拥有的品质，然后，重复进行与他们的动机一致的行为，以发展这些品质。

形成和打破习惯是一个很复杂的问题。孩子们对自己的习惯，有些有意识，有些没有意识。即使孩子们希望拥有积极的品质，但如果他们对负面品质没有觉察，他们也有可能无意识地强化这些负面品质。要改变自己意识不到的坏习惯本身就很难了，更难的是，强化坏习惯的行为很容易出现，因为导致这些行为的神经通路早已形成。所以，有时候孩子们沿着一个方向前进了很久，才意识到这个方向是错误的。不过没关系，在开始阶段，只要能简单地对自己的习惯和动机有所觉察就行了。

正念注意是觉察习惯性行为的一种触手可及的工具，就像用工具软件可以检查电脑的小故障一样。大脑就像是电脑的硬盘，关于孩子的内在世界和外在世界的信息被自动储存在硬盘上，垃圾信息则可能会导致小故障，让电脑变慢。正如工具软件能够定期搜索并修复电脑故障，孩子们可以运用正念注意来发现自己身心的习惯，不同的是，正念注意并不能分辨习惯的好坏，它也不会自行打破一个坏习惯。

要塑造一个好习惯，或打破一个坏习惯，孩子们需要明辨力。为了理解这个词在此处的意思，最好了解一下"业"（karma）这个词，"业"是源于佛教和印度教的一个梵语词汇，意思是"肇因和结果"。在流行文化中，这个词常常被误读为"注定",其实,其更准确的意义是"行为自有其后果"。行为包括孩子们的行动、言语和思想。所有的行为,不论多么微小,都是有后果的。要分辨一个行为是否明智,需要考虑动机、肇因和结果(因果)。明辨力、动机、因果,也正是编织智慧、慈悲的世界观的三大主题。

下面的游戏给儿童和青少年提供了一组问题,帮助他们分辨一个习惯或对困难情境的一种反应(直白点说就是他们的所有言语和行为)是不是智慧的。

跟一些家庭一起工作时,我用"有帮助"一词代替"智慧",因为前者的定义非常明确,并且大部分孩子都能理解。我决定用这个词,是受时任加利福尼亚州立大学洛杉矶分校早期教育中心主任的盖·麦克唐纳的影响。他问一个在操场上捣蛋的四岁小女孩,她正在做的事是不是有帮助,这番简短的对话对幼儿来说就像教授明辨力的大师课。

"有帮助"这个词是中性的,没有强烈的情感倾向,在跟少儿、青少年和家长分享正念时,"有帮助"真的很有帮助。"这有帮助吗"这个游戏中包含一组连续的提问。不是说孩子们需要在做任何事、说任何话前都要停下来、反思、问自己这一组问题,而是只有在发现自己处于复杂的情境、需要思考才能做出恰当反应时才需要这么做。

这有帮助吗

当我们不确定自己要做的事或要说的话是否周到、友善时，可以问自己一组问题。

生活能力：重构力、关怀力、联结力　　适合人群：所有人群

带领游戏

1. 大家能举出一个复杂情境的例子吗？复杂情境就是你不知道怎么做或怎么说才合适的情境。

   在孩子们给出自己的例子以后，从中选择一个。

2. 在这种情况下，你觉得怎么做或怎么说最好呢？

   在孩子们给出自己的建议后，从中选择一个。

3. 要了解这么回应是不是一个明智的选择，我们可以问自己三个问题：这么做/说对我有帮助吗？对别人有帮助吗？对地球有帮助吗？

请孩子们停下来，反思某种回应是否对自己有帮助，然后再想想这是否对他人有帮助，这并非暗示孩子们应该把自己的利益置于朋友或社区的利益之上。我鼓励孩子们首先检查自己的状态，因为在了解自己之前，要看到别人的需求和体验是很困难的，甚至是不可能的。

孩子们已经在经典冥想练习中学习了ABC（注意力、平衡感和慈悲心），也学习了为何修习者要先自我觉察，才能发展出对他人和世界的觉察力。在"友好祝福"和"这有帮助吗"这两个游戏中，我们都能看到正念的内在发展历程——孩子们首先向内聚焦注意力，反思行为对自身的影响，然后再向外扩展注意力，关注自己的行为如何影响他人和这个星球。

一种回应方式是否有帮助，并不总是黑白分明的，有时候孩子们必须在两个同等重要但是相互冲突的事项中做出选择。孩子对"这么做对我有帮助吗？对别人有帮助吗？对世界有帮助吗？"这三个问题给出的答案常常相互冲突，这并不奇怪。

意见的差异让我们有机会复习"小拇指点点"游戏。在这个游戏中，一群孩子用手势来同时回答一个问题。"小拇指点点"以有趣、夸张的方式展现出人与人之间观点的差异，而且避免了不经意中凸显某个孩子——让他在朋友面前回答一个有压力的问题。当孩子们的答案相互冲突时，我提出第四个问题："在这个情境中什么是最重要的?"

行为克制是智慧、慈悲的世界观的又一大主题。行为克制是一个可以通过正念和冥想得到加强的内在品质，它让孩子们可以在不安、过度兴奋、难以控制自己的言语和行为时约束自己。贝姬·贝利（Becky Bailey）博士在她的《自觉自律》（*Conscious Discipline*）一书中，将冷静等同于"行为自控"，并且指出，"冷静是一个我们可以做出的选择，无论外部世界看起来多么疯狂"。

儿童和青少年能在多大程度上克制行为，部分取决于他们的年龄和发育程度。年纪越小的孩子，越难抑制说话的冲动或排队等待。随着孩子们长大，他们会发现克制变得越来越容易。无论什么年龄，越是兴奋或愤怒，就越难抑制某个反应。在感到疲惫或压力很大的时候，孩子们在说话或行动之前想一想的能力也会受损。成年人也是如此。

根据我的个人经验，克制行为的能力的培养是冥想和正念中至关重要的部分，对幼儿来说更是如此，而且不需要练习太多就可以学会。即使四岁的幼儿也能很快发现，如果停下来感受一会儿呼吸，那么他们在开始新的活动时会更加专注和平静。

停下来感受呼吸

我们一起唱一首歌,并从中体会到,当我们停下来感受呼吸时,我们会变得更加平静、专注。

生活能力:聚焦力、静心力　　适合人群:幼儿

带领游戏

1. 讨论要点:兴奋是一种什么样的感觉?我们很难在兴奋时控制自己的声音和身体,对吗?当我感到过度兴奋,并且想要控制自己的声音和身体的时候,我会停下来,感受呼吸。

2. 接下来,我要唱一首歌,歌名叫《停下来感受呼吸》(I Stop and Fell My Breathing)。它是这样唱的:

   我停下来(掌心朝外,像停止标志)

   感受我的呼吸(手放在腹部)

   平静又安宁,我可以去……了(吃东西、看书、学习等)

   歌曲的音频文件可以从 www.susankaisergreenland.com/downloads 下载。

3. 现在我们一起唱这首歌。

4. 讨论要点:停下来感受呼吸,是一种怎样的体验?这可能会对你的日常生活有什么帮助?

小贴士

　　歌曲的最后一句根据孩子们接下来要做的事情而定,例如,接下来他们要去看书,那最后一句就是:平静又安宁,我可以去看书了。

"停下来感受呼吸"是让孩子们练习克制行为的能力的有趣游戏。我同时也鼓励他们练习"正念提示"游戏。

正念提示

我们用非语言的提示帮助自己镇定下来并集中注意力。

生活能力：聚焦力、洞察力　　适合人群：幼儿、少儿

提示的示例

1. **安静的信号**

   如果一个孩子在没轮到她的时候说话了，与其要求她停止讲话，不如试试这个非语言的方法——看着她，微笑，把手指放到嘴唇上，同时把一只手放到耳朵上，或者用手指向那个她的注意力应该去的方向。

2. **举手**

   你把手举起来，让其他人看到之后也这样做。当你把手举

起来时，意味着现在不应该讲话，而要注意看着你，听你讲话。需要的时候，还可以在举手提示里加入语言提示，但是让大家以非语言手势来回应你。如果你和一群孩子分享正念时，不是所有人都能看见你的动作，你可以一边举手一边说："如果听到我的声音，请把手举起来。"

3. 跟我一起拍

听到你有节奏的拍手声，孩子们停下正在做的事，模仿你拍出同样的节奏。他们很快就会知道，连续拍手是用来提醒聆听和注意的非语言信号。"跟我一起拍"对训练注意力也很有用。

4. 慢动作

你刻意放慢行动速度并留意自己的动作，然后提示孩子们也这么做。慢动作使孩子们更易于觉察内在世界和外在世界发生的事情，有助于培养他们的注意力和自控力。如果孩子们熟悉埃里克·卡尔的绘本《树懒说，慢，慢，慢点儿》，可以使用语言提示"像树懒一样慢"，来提醒他们有意识地慢慢移动。

5. 拉拉链

一旦孩子们熟悉了"拉拉链"游戏，他们就可以将其当作一个正念提示。把一只手放在肚脐前，另一只手放在腰部，用这个姿势来提醒孩子们做"拉拉链"。等待孩子们全都模仿你的姿势，然后将双手沿着脊椎和胸部向上移动，经过下巴和头部，最后停在空中；孩子们会跟着你做。等所有孩子的手都到达空中后，用手势给他们"点"一个安静的"赞"。
6. **气球手臂**
"气球手臂"也可以被当作一种正念提示。把双手放在头顶，手心向下，双手指尖相触，用这个姿势来提示孩子们做"气球手臂"。孩子们会模仿你，也将双手放在头顶。等所有人都准备好之后，向上举起手臂，模仿气球充气（保持指尖相触）；放下手臂，模仿气球放气。

"正念提示"游戏能够打断无意识的、自动化的行为，创造空间，让孩子们停下来，留意此时此刻的感受。这些提示是针对幼儿和少儿的特点设计的，不过适合青少年和家长的正念提示也无处不在。以下是一些简单的提示：

- 当电话铃声响起、手机震动或发出提示音时，觉察身体是否存在任何紧张感。如果有的话，让紧张的部位周围的肌肉放松。
- 控制不自觉地查看社交媒体的冲动，将注意力移向此时此刻的体验（房间内的声音、呼吸的感觉、地平线、近旁植物上的一片叶子或一朵花、想象中的平静画面）。
- 在吃零食之前，想一想这个食物来到你手中的整个过程——有多少人参与到这个过程中。静默或

第 10 章 这有帮助吗

出声地感谢他们。
- 排队时，发送友好的祝福给跟你一起排队的人。

在少儿和青少年对自己的习惯有更多觉察后，他们就能开始看到自己对愉悦的、不愉悦的、情感中性的体验所做出的自动化、无意识的反应。在下一个游戏中，他们将练习去留意生活中的这三类体验，学习如何不对它们产生自动化反应。游戏的准备包括：为每个人准备一个杯子，里面放上一两个冰块，并准备好纸巾。

融化的冰

我们把一块冰握在手里，直到它融化，通过这个过程，我们留意到"感受"和"反应"有何区别。

生活能力：聚焦力、洞察力　　适合人群：少儿、青少年

带领游戏

1. 讨论要点：在拿起冰块之前，留意自己有怎样的感受。你有什么想法？你的身体有什么感觉？
2. 现在，我们要拿起一块冰，把它握在手里，直到它融化。这可能会让你有些不舒服，但这是安全的，不会对你造成伤害。请在握着冰块的手下方铺一张纸巾，以免打湿地板。

3. 如果冰块摸起来不舒服,可以做几个深呼吸,放松一下手和胳膊。如果握着冰太困难,不要担心,可以先把它放下,过一会儿再拿起来,重新试一遍。
4. 请保持安静,留意在冰融化的过程中,你的手有怎样的感受。你喜欢这种感受吗?你想放下冰块吗?
   等待30~60秒,然后再继续下一步。
5. 留意现在你的手有怎样的感受。这种感受是不是变化的?你现在有什么样的想法?
   让孩子们握紧冰块,让冰块在手的不同部位移动,或者转移到另一只手上,留意在每一次转换时所发生的一切。
6. 讨论要点:随着时间的推移,你握着冰块的手的感受有什么变化?你有没有想过把冰块放下?在握着冰块的过程中,你的想法和情绪发生了什么变化?

在接下来的游戏中,孩子们用一个彩色的"觉察温度计"来探索自己对愉悦的、不愉悦的、情感中性的体验做出的反应。

通常来说,孩子们会被愉悦的体验所吸引,想留住它们;他们希望去除不愉悦的体验;情感中性的体验常常令人感到无聊或烦躁。虽然对愉悦的、不愉悦的、情感中性的体验所做出的反应千差万别,但结果都是一样的。无论是试图追逐愉悦的体验，还是去除不愉悦或无聊的体验，都会错过此时此刻正在发生的一切。不过，不必因此而沮丧。

觉察是冥想的核心，但觉察本身并不足以改变思想或行为的习惯性模式，它通过改变我们感知自身习惯的方式，激发我们采取必要的行动，从而使我们改变无用的习惯，建立有帮助的新习惯。为了让孩子们明白这一点，下面的两个游戏将用上一个叫"觉察温度计"的视觉辅助工具。

跟第 3 章中介绍的"小拇指点点"游戏类似，在"觉察温度计"游戏中，我们会同时回答同一个问题。"觉察温度计"的设计刻意模糊了情感倾向，以帮助孩子们以非评判的态度觉察自己的想法、情绪和身体感觉。

在接下来的游戏中，你需要用到两张觉察温度计卡片（见本书末尾），一张给你，一张给你的孩子。孩子们可以在图上的三角范围用马克笔或蜡笔涂上颜色，让自己的卡片与众不同。

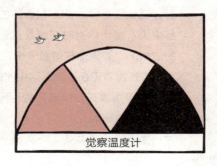

觉察温度计

我们用觉察温度计来帮助自己留意现在的感受,并将这些感受传递给其他人。

生活能力:聚焦力、洞察力　　适合人群:所有人群

带领游戏

1. 现在我将问一个问题,作为回答,我们两个人要同时用手指向觉察温度计上的一种颜色。

   你自己留一张觉察温度计卡片,另外一张给孩子。

2. 当我说"开始"时,如果你的注意力集中在房间里正在发生的事情,就把手指放在最浅的颜色区域;如果你在想着其他事情或其他地方,就把手指放在最深的颜色区域。我们俩都把手指放在颜色区域上不动,这样就都可以看到彼此的答案。记住,这个游戏的重点是留意此刻身心正在发生的事情,答案没有对错之分。1,2,3,开始!

   你用手指着一个颜色,孩子们也会这样做。

3. 这真有趣!现在我会再问一个问题。在上一轮中,当我问到你正在注意什么的时候,你的心是在想着过去、现在还是未来?如果你当时在想着过去,就把手指放到颜色最深的三角区;如果你在想着未来,就指向颜色最浅的三角区;如果你在想着现在,就指向中间的三角区。1,2,3,开始!

4. 记住把手指放在你所选择的颜色区域上不动,这样我就可以看到你的答案。

   讨论要点:你的心多久会走神一次?你能给出一个分心没

有益处的例子吗？你有没有分心很有帮助的例子呢？做白日梦是有帮助还是没有帮助，还是说要根据当时的情形而定？

小贴士
1. 如果你没有觉察温度计卡片，孩子们可以用"小拇指点点"的方式来回答问题。比起用小拇指，青少年会更容易接受用大拇指朝上、朝下或者指向一侧来回答问题。
2. 更多示例及问题参见"小拇指点点"游戏。

"觉察温度计"和"小拇指点点"在发起"如何应对一个压力情境"等讨论时非常有用。由于这些讨论有可能让人产生压力，因此在开始的时候，讨论一些轻松情境下的常见自动化反应体验就可以了。例如在下一个游戏中，孩子们留意自己对不同声音的反应，并进行讨论。
游戏准备：准备一些乐器，并把它们放在孩子们的视线范围以外。

用觉察温度计来玩"我听到了什么"

我们仔细聆听周围的声音，并留意它们给自己带来的感受。

生活能力：聚焦力、洞察力　　适合人群：所有人群

带领游戏

1. 我们坐下来,挺直腰背,放松身体,将双手轻轻地放在膝盖上。愿意的话,请闭上眼睛。留意此时吸气和呼气的感受。
2. 你将听到由不同乐器发出的声音。你不需要特别努力地去听,放松地听就可以了。

   用乐器(混合器、弦乐器等)或者其他有趣的东西(碰撞石头、摇晃硬币等),来制造不同的声音。
3. 仔细聆听,看看能不能猜出声音是由什么发出来的。放松地等待声音像小惊喜一样出现。尽量记住你听到的声音,在声音停止后告诉我你的答案。

   持续制造声音1分钟。
4. 讨论要点:你能猜出是什么发出来的声音吗?你有没有对听到的声音感到惊讶?闭着眼睛听不同的声音是什么样的感受?

   给每个孩子一张觉察温度计卡片,自己也留一张。
5. 接下来我要再制造一些声音,但这次,希望大家留意自己对不同声音的感受。如果某个声音是令人愉悦的,就把手指放在颜色最深的三角区;如果某个声音是令人不愉悦的,就把手指放在颜色最浅的三角区;如果你对某个声音没有什么明确的感受,就把手指放在中间的三角区。把手指放在有颜色的区域不动,这样我们可以看到每一个人的感受。

   用与之前相同的乐器或者物体制造声音,在不同的声音之间留出足够的时间,让孩子们把手指放在觉察温度计的某一个三角区域上。
6. 讨论要点：你想让愉悦的声音持续吗？你想让不愉悦的声音停下吗？你的身体对声音有反应吗？你的身体对每种声音的反应是相同的吗？

"正念提示""融化的冰""觉察温度计""我听到了什么""小拇指点点"等游戏可以增强聚焦力和洞察力。这两种能力的提升，让孩子们开始相信自己有能力在过分兴奋或不安时自我安抚，孩子们也会因此更有自信去尝试新事物，实验新想法，变得更有创造性。

第 11 章

泛光注意

在第 6 章的开头,我描述了几个中途放弃冥想的例子——那个被强烈的情绪压倒的母亲,迷失在念头和昏沉中的父亲,还有我自己。跟这些例子一样,很多孩子都害怕,如果放弃控制头脑中纷飞的想法和情绪,自己会崩溃。初学者一般意识不到,其实我们对想法、信念和感受的追逐、分析、回避、认同不是太少了,而是太多了。头脑中的活动不是问题,我们对它们的反应才是问题。

《带自己回家》(*Turning Confusion into Clarity*)的作者在书中写道,他的父亲在教他冥想时用了一个牧羊人的比喻:"差劲的牧羊人视野狭窄,有一只羊从左边溜走,他便埋头追上去，没留心右边也跑了一只，结果他只能不停转圈圈，像一只追逐自己尾巴的狗。"大师对年幼的儿子说："冥想时，我们不需要刻意控制想法和感受，只需要自然地待着，像一个好的牧羊人，警醒、专注。"

在上一章里，孩子们通过"融化的冰"和"觉察温度计"游戏认识到，追逐愉悦的想法并回避不愉悦的想法是人的自然倾向。他们同时还懂得，如果对自己的行为失去觉察，就有可能陷入对想法和感受的追逐或逃避。这就是为什么觉察如此重要。当孩子们觉察到自己卡住了的时候，他们就有机会后退一步，看一看是什么困住了他们。

你还记得第4章中那个不愿意放弃手中香蕉的猴子吗？如果猴子愿意放下香蕉，它就可以从猎人的陷阱中逃脱，而学习放松、与想法脱钩，就是让少儿和青少年学会从心理陷阱中解脱。手指圈套（也叫中国/墨西哥指套、手铐）是一种展示如何"放手"的、很有用的视觉和体验工具。游戏准备包括：给每个孩子一个手指圈套，你自己也拿一个。

手指圈套

如果我们使劲拉手指圈套，手指就会被卡住，但是当我们放松下来、停止用力时，手指就可以拔出来。

> 生活能力：聚焦力、洞察力　　适合人群：少儿、青少年
>
> **带领游戏**
> 1. 把你的两个小拇指放在圆筒两端的开口处。
> 2. 向两边拉小拇指，尝试将它们从"圈套"中拔出。
>   圆筒会变窄，孩子们的手指会被卡住。
> 3. 现在，停止用力，放松，呼吸，让两个手指互相靠近。
>   张力会减小，圆筒会变宽，孩子们就可以从"圈套"中把手指拔出来了。
> 4. 讨论要点：要把手指从"圈套"中拔出来，最好的办法是什么？手指被卡在"圈套"中，与人陷入想法、情绪和压力，有没有相似之处？

通过本章的游戏，少儿可以学习运用泛光注意来理解自己的心智。泛光注意就像广阔、包容的光束，可以照亮广阔区域内不断变化的体验。运用泛光注意的游戏叫觉察游戏，在这些游戏中，孩子们只观察内在世界和外在世界（想法、感受、身体感觉、声音、温度）而不做出反应。觉察游戏可以锻炼内在自律，内在自律是本书探讨的命题之一。

《动中正念》(*Mindfulness in Action*)一书写道：

> 内在自律并不是要切断思考的过程，仅仅是让它放松。当想法变得透明、放松时，它们会更轻松地穿过或

漂浮在头脑中。想法常常具有沉重、黏人的特点，它们徘徊不去，呼唤我们的注意力。通过这种方法，思考的过程变得放松、流动和透明起来，我们得以了解思维过程本身，而非试图消灭思维以达"放空"状态。

带领觉察游戏时，家长要记住，幼儿在生理上还不具备抑制对想法、情绪和身体感觉做出反应的能力。孩子最早在何时具备元认知能力呢？我曾就此向宾夕法尼亚州立大学人类发展促进预防研究中心的马克·格林伯格主任请教，他的回答是"因人而异，但不可能早于四年级"。对觉察游戏加以简单调整就可以将其变成适合幼儿的锚定游戏，下面的游戏描述中包含了关于如何改编游戏的建议。

家长需要注意，在运用泛光注意的觉察游戏和运用聚光注意的锚定游戏中，我们对待分心的方式是不同的。在锚定游戏中，将注意力带离锚点的所有事物都是干扰。在觉察游戏中，则不存在干扰一说。

当少儿和青少年学会停止对心智活动的追逐、过度分析、回避和过度认同时，他们与这

些活动的关系就改变了,他们就能放下对恼人的信念、想法、情绪的执着,以更清明和平等的心来看待内在世界和外在世界发生的所有事情。我常用一个摇头娃娃玩偶来演示这个很"走脑"㊀(heady)的概念。

摇头娃娃

我们摇晃一个摇头娃娃,目的是理解如何将想法和情绪放置一旁,不对它们做出反应。

生活能力:静心力 　　适合人群:少儿、青少年

带领演示

1. 有时我感觉自己像个摇头娃娃。当我兴奋、烦躁或生气的时候,心智好似在我的头脑中狂奔,这让我感觉我的脑袋也在疯狂地晃动。

   摇晃摇头娃娃,让它在整个示范过程中一直摇晃着。

2. 你有没有曾经感觉自己像个摇头娃娃?

   如果孩子们给不出例子,就提供一些你自己的例子:"有一次我遇上堵车,担心上课会迟到;还有一次,我翻遍整个屋子找那本我没读完的书,却怎么都找不到。"在这些时刻我感觉自己就像个摇头娃娃。

㊀ 此处的 heady 是心身医学常用词,多用于口语。heady 与 conceptual、intellectual 意思相近,相对的词是 bodily 或 experiential 等。中文通常译为"头脑的"或"概念化的",与"身体的""体验的"相对。——译者注

3. 当我们开启摇头娃娃模式时,我们的注意力就没法集中了。那些在我们脑海中跳动的想法、情绪和信念呼唤着我们的注意力。如果我们试图关注脑海中的一切,就会很容易迷失,也很难清晰地思考。

   再次晃动摇头娃娃。

4. 我们该怎么办呢?

5. 讨论要点:*我们应该试着清除自己的想法吗?怎样清除?如果我们什么都不做会发生什么?要是我们不去干预这些想法,不对它们有所反应,又会怎么样?*

   把摇头娃娃放置在一个固体平面上,娃娃头部的活动会变慢,最后停下来。

6. 我们的想法和感受不会完全消失,我们也不希望那样。如果我们不去干预它们,它们终会安静下来,我们就又可以清晰地思考了。

7. 讨论要点:*如果我们又开始反复思考某些想法,会发生什么?*

   晃动摇头娃娃。

8. 如果我们身处困境,那么即使我们已经让心平静下来,它还是可能再次开始忙碌。当这种情况发生时,我们只要放松,留意正在发生的事情而不做出反应,我们的心会自然而然地平静下来。

要改变我们与想法、感受和信念的关系,必须先了解和熟悉它们。要做到这一点需要一定的专注力,这就是为什么我们先教授培养专注力（聚光注意）的视觉化锚定游戏，再介绍培养泛光注意的觉察游戏。记住，聚光和泛光并非注意力的不同形态，只是这样描述便于初学者理解。用美国僧人苏利耶·达斯的话说，觉察游戏"主修全景式觉察（泛光），辅修专注力（聚光）"。

对少儿和青少年来说，训练这种放松的、广阔的、泛光灯般的注意力的最好方式是"看星星"游戏。要进行这个游戏，我们需要找一个便于舒适地凝视天空的位置，并放上椅子或毯子。幼儿也喜欢凝视天空。下面的游戏说明中也提供了适合幼儿的改编建议。

看星星

我们试着放松并凝视夜空，探索此时此刻正在发生的事情。

生活能力：聚焦力、关怀力

适合人群：少儿、青少年（附幼儿版改编建议）

带领游戏

1. 我们舒适地坐着或者躺着，让身心随着自然的呼吸节奏平静下来。
2. 望向地平线，将目光停留在那里，保持目光柔和，不聚焦于任何特定对象。

3. 留意天空、月亮、星星的所有变化。
4. 当想法或者感受出现时,允许它们存在。如果你不去分析或者思考想法和情绪,它们往往会自然地出现,停留一会儿,然后自行消失。

   在带领幼儿时,可以将第4步替换成"如果你留意到自己走神了,想别的事情去了,没关系,你只要感受一会儿呼吸,然后再重新看着天空就好"。
5. 讨论要点:你看到了什么?你对自己所看到的东西感到惊讶吗?天空是否保持不变?它发生变化了吗?你能否描述一下自己当时的感受?你现在感觉怎么样?

小贴士
1. 刚开始做这个练习时,时间可以短一些,之后再慢慢延长练习时间。
2. 在白天,我们可以尝试"看云朵":准备一张沙滩椅或者一条毛巾,在户外找一个凉爽的地方。我们鼓励孩子们留意随风飘扬的树叶、飘动的云朵以及周围环境中的其他变化。
3. "看星星"和"看云朵"是孩子们(和成人)在忙乱的高压生活中休息和照顾自己的好方法。

"看星星"的目的不是放空,而是训练少儿允许自己的心智活动自然地出现和湮灭。在练习中,我们允许思绪自由徜徉,同时对头脑中发生的一切保持觉察。不过,即使是最有成就的修习者也容易迷失在想法之中。无论处在什么年纪,我们都可以通过再次凝视地平线回到当下。

这个开放性和接纳性很强的练习,对练习者的专注力要求较高,无论什么年龄的初学者都觉得它很有难度。因此,我们还需要一些更结构化的方法,比如为想法贴上"思考"的标签。下面的游戏就采用了这种方法,这个游戏的适用对象是少儿和青少年。

静心觉察

我们在放松和专注于呼吸的感觉时,如果留意到有想法和情绪让我们分心,就默念"思考"。

生活能力:聚焦力、关怀力　　适合人群:少儿、青少年

带领游戏

1. 我们坐下来,挺直腰背,放松身体,将双手轻轻放在膝盖上。如果你愿意,可以闭上眼睛。

2. 再次找到自己的呼吸锚点,就像在"正念呼吸"游戏中那样。花一点时间,留意呼吸感觉最明显的身体部位——鼻子附近、胸部或腹部。
3. 呼气时,看看能否将注意力集中在呼气上,直到气息完全呼出,就这样做几次呼吸。
4. 现在,放下对呼吸的关注,只是休息。
5. 当想法和情绪自然出现时,尝试不去特别关注它们。下一次你留意到想法或情绪时,在心中默念"思考",然后放松,感受自然的呼吸节奏。
6. 当你下一次默念"思考"时,留意一下自己的语气。

只要孩子们看起来自在且投入,就继续玩这个游戏。

小贴士

1. 在带领游戏时,我们使用"轻柔地""轻轻地"这样的词引导孩子们放松,别对他们太苛刻。
2. 在带领游戏时,我们鼓励孩子们将注意力轻柔地集中在呼气的全过程上,这有助于稳定注意力,很多孩子发现这样做会让他们感到放松和平静。

"静心觉察"游戏的第 6 步介绍了一种简单、直接的方法,即让少儿和青少年觉察内在对话的语气,这有助于他们练习自我觉察和自我慈悲。当内在批评者的嘲弄声在耳边响起时,紧随其后的不愉悦情绪会让人感觉非常真切,令人难以承受。对深信"我不好"的这一部分自我,孩子们如果练习对其心怀慈悲,并且看到对自己的负面评价并不是真的,就可以获得解脱的感觉。

当孩子们捕捉到心里面自己对自己说的话时,可以留心一下这句话的语气是怎样的,它听起来像是一位有帮助的朋友说的话,还是一位无用的看客说的话?这样的反思创造了练习自我慈悲的机会。在"看星星"这个游戏中,类似的做法也很有帮助,即孩子们在观察到内在对话时默念"思考"这个词,并留心这种对话的语气。

"静心觉察"与"看星星"游戏有助于休息和放松。休息和放松本身就很棒,而且能带来别的益处。休息、放松的时候,儿童和青少年可以更清晰、更轻松地觉察内在和外在所发生的一切。他们将注意到的第一件事就是一切都在变化:凝望天空,光影色变幻无穷;休憩静观,呼吸放慢加深;全然聆听,声音起起落落;静心觉察,想法与感受来来去去。

通过这些观察,我们可以与孩子讨论万物永恒的变化——这一命题可以安抚心灵,尤其是在面对生活中的不公之时。明天又是新的一天,无论你正面临何种难关,一切终将发生变化。

第五部分

联结力

一个美妙的秋日，正在花园里劳作的狮子发现了一只翅膀受伤的小鸟。就在狮子为小鸟包扎翅膀时，一群鸟儿从头顶飞过，它们眼睁睁地看着鸟群向南方飞去，而受伤的小鸟只得留下。这对奇异的组合在狮子温暖的小屋里一起度过了冬天。它们一起读书，一起吃饭，每天都过得很开心。

冬去春回，鸟群归来。小鸟向狮子示意自己必须离去，狮子说："我知道。"翻到故事书的下一页，我们看到一幅令人心碎的图景，狮子在忧郁中独自步行回家，画面底下是一行字，也是正念所传达的第一个启示：有时生活就是如此。狮子回到花园，看书，努力重新适应独居生活。让它惊喜的是，当秋天来临时，小鸟也回来了，它们又一起度过了一个温馨、舒适的冬天。玛丽安·杜布克（Marianne Dubuc）创作的这个《狮子与小鸟》（*The Loin and the Bird*）的故事，正是在行动中体现慈悲的美妙例证。

慈悲不仅是名词，更是动词；慈悲与否不仅看态度，更要看行动。在本书前四个部分中，大多数游戏是向内看的，它们帮助孩子们觉察发生在内在和外在的事件与现象，从而培育智慧与慈悲的品质。接下来的游戏，则有意识地将这些品质付诸行动和人际互动。

　　慈悲不是独角戏或单行线，慈悲是充满能量的互动，虽然它有时伴随着牺牲，但会带来更深远的回报。当孩子们切实感受到慈悲时，把它付诸行动就会变得相对容易，真正的挑战是如何在没有相应感受的情况下仍然采取慈悲的行动。我在本书中呈现的所有命题都来自传统传承，它们都是极具意义的，但如果我必须要选择唯一的一课，将其传递给孩子们和他们的家庭，我会选择：放下成就，只看行为的善，只管去做对的事情，让一切顺其自然。

第 12 章

如其所是,不需矫饰

我第一次见到"esse quam videri"这个拉丁文短语,是在我女儿小时候的房间,那时她已成年离家,我只是把一些送错地址的信件放到她的房间去。她的书架边上几年来都贴着一个石灰绿色的便签条,这行字就写在上面。我拿起手边的字典查了一下,这个短语的意思是"如其所是,不需矫饰"。后来,我发短信给女儿,问她对我遇到的一件麻烦事的意见,她回复信息:"做自己(You do you)。"

这句话似乎对她有特别的意义,却让我一头雾水。于是我又查询了城市俚语网络词典——"做自己"指不增不减地按自己通常的方式行事。我女儿是众多古典音乐

第 12 章 如其所是，不需矫饰

学生加嘻哈音乐粉丝中的一员，这群年轻人学会了在生活中实践共情（empathy）、共频（attunement）和慈悲（compassion），这三个词所代表的品质是建立智慧、慈悲的世界观至关重要的基石。

虽然这三个词常常替换使用，但实际上它们各自有着独特的含义。共情是站在他人的角度理解其对事物的观感和感受的能力，共频指被他人看见、理解的体验，慈悲则是在从他人的视角看待问题、理解他人感受的基础上，智慧、友善地加以回应。

它们的差异虽然微小，但在真实、丰富的人际关系中，这些差异是很有意义的。比方说，孩子们能够与他人共情（理解他人的想法和感受），但如果他们不能真正与对方联结，就不会有共频（对方没有感受到被看见、被理解），也不会有慈悲（不能明智、友善地回应）；如果他们经历过某种痛苦，就可以与正在经历同样痛苦的人深刻地联结（他们可以共情且共频他人的体验），但如果他们与这些感受过分融合，以至于不能客观地看待或回应正在发生的事情，这就不是慈悲的行为。

当我女儿回复我的短信时，她让我知道她看到并且理解了我的困难（与我共情），我感到被看到、被理解了（我们频道一致),而且她鼓励我做自己,这就是慈悲的举动。

理解、感同身受是共频和慈悲的前提,也就是说,共情是通往共频和慈悲的途径。贝姬·贝利在《自觉自律》中写道,孩子共情的能力在幼年时就开始出现,在青少年时期持续发展。

在6岁以前,孩子就可以识别出朋友的不安,但对朋友来说,此时他们表达安慰和同情的方式可能不会很有帮助,因为他们仍然是完全以自我为中心的。在6~9岁,孩子与朋友、家人之间的共情开始具有互惠的特点,但这仍然局限于他们可以理解的特定情境。到了青春期前期,孩子们开始扩展共情能力,能够与处于不同时间、地点和文化中的他人共情。

少儿和青少年可以展现出以开放的心态去感受他人内心的能力,同时对方也能感受到被看见、被理解。"共频"这个词语通常被用来描述父母对孩子的回应,而非孩子对父母或朋友的回应。

共频常常与"依恋"一词配对,用于描述父母与孩子之间的情感联系。孩子依恋父母,父母共频孩子,这样的关系在孩子和父母之间创造了深刻、持久的情感联结,这种联结可以超越时空。与父母或其他抚养人之间的安全依恋关系,给孩子提供了一个心理安全感的"大本营",让他们能够放心探索核心家庭之外更广大的世界。

孩子长大后会有怎样的世界观,会怎样度过一生,取决于包括基因、先天气质、智商在内的多种因素,而其中最主要的一个预测因素是他们的早期经历。因此,虽然理智上知道并不存在完美的父母,也知道理想的父母只需"60分"就足够,但是父母们通常还是感到责任重大。

随着年幼的孩子能够应对父母的小失误,能够适应父母的臭脾气、迟到或健忘,他们变得越来越坚强自主。儿科医生、儿童精神分析师唐纳德·温尼科特(D.W.Winncott)创造了"60分妈妈"一词,他说:

60分妈妈一开始会调整自己以完全适应婴儿的需要,但随着时间流逝,随着孩子越来越有能力应对母亲的失误,她会逐步减少对孩子的完全适应。她的不完美,反而使孩子适应外界现实的能力增强。

即使最有动力和见识的父母,也不可能时时刻刻都与他们的孩子共频。幸运的是,完美是不必要的,这也是"60分"一词的由来。失误不仅是可接受的,而且是完全正常的,重要的是父母和孩子能够通过沟通修复这些失误。

著有多部冥想和心理治疗著作的马克·爱泼斯坦

(Mark Epstein)博士在其著的《日常生活的创伤》(*The Trauma of Everyday Life*)中,把"60分"的养育和"60分"的冥想联系起来:"稳定的冥想态度,就像稳定地与孩子共频的父母一样,适当地放手不管,反而让心灵的内在潜能有机会自然浮现。"艾普斯坦恩所说的"冥想态度"其实就是一种"内在共频"(与"人际共频"相对)。

就像不能割裂聚光注意和泛光注意一样,"内在共频"和"人际共频"也并非两回事,这里只是为了方便理解而把它们分开表达。正如泛光注意中包含了聚光注意,人际共频中也包含了内在共频。当父母完全与他们的孩子同在时,他们不仅与孩子的内在体验共频,也与自身的内在体验共频。

人际共频和内在同频始终广泛存在,它们不仅存在于家庭内部关系中,也存在于家庭外的社会关系中。在篮球比赛中,同队的队员们相互共频彼此的体验,同时也共频自己的内在体验,演员们在共同即兴创作一出喜剧时也是如此。

从某种意义上说,正念就是"友善地关注自我、他人和世界",即使处在"自我中心"发展阶段的幼儿也能够理解和操作这样的定义,这有助于促进他们区分自我与他人。下面的两个游戏——"你自己的泡泡"和"传杯子",也可以帮助幼儿培养与其年龄相符的区分自我与他人的能力。

你自己的泡泡

我们想象自己在一个泡泡里,从而能更好地觉察我们的身体与其他人或事物的关联。

生活能力:聚焦力、关怀力、联结力　　　**适合人群**:幼儿

带领游戏

1. 讨论要点:大家能给我描述一下泡泡是什么样子的吗?
2. 我将制造一个想象中的泡泡,把我的身体包起来。

   用食指在你的周围画一个圆,假装制造了你自己的泡泡,然后伸出手去探索泡泡的顶部、底部和四周。最后,假装装饰这个泡泡,并向孩子们描述你把它装饰成什么样子了。

3. 现在,来创造你自己的泡泡吧。能告诉我它在哪里并向我描述一下它的样子吗?

   伸出手去,假装用手掌检查孩子们的泡泡的边缘。

4. 在我们玩游戏的过程中,我会继续提醒你检查你的泡泡。

小贴士

为了帮助孩子们培养自控能力,可以请他们看看自己的手掌和你的手掌可以多么接近但不相触,再看看他们的肩膀和你的肩膀、他们的手肘和你的手肘可以多么接近但不相触。提醒孩子们注意别戳破自己的(或你的)虚拟泡泡。

下一个游戏叫"传杯子",它和"气球手臂""嘀嗒嘀""拉拉链""你自己的泡泡"游戏一样,能以有趣的方

式帮助幼儿培养一定的专注力和对身体空间移动的觉察。

"传杯子"游戏一方面有助于培养幼儿的团队协作精神,另一方面有助于幼儿在与他人(他人的手臂、腿、手、手肘)和物品(桌椅、水杯)的交互中觉察自己的身体,觉察身体移动时的特点(缓慢、迅速、流畅、颠簸/不稳定)。游戏的准备包括:用不易碎的小杯子装一杯水,水面离杯口约 1 英寸[⊖]。

传杯子

我们大家一起来传递一杯水,利用团队合作和对周围正在发生的事的觉察力,确保水不洒出来。一开始我们睁着眼睛传杯子,然后闭着眼睛传。

生活能力:聚焦力、关怀力、联结力　　适合人群:幼儿

带领游戏

1. 我们将挨个传递这杯水,并且不要让水洒出来。我们的注意力应该放在哪里,才能保证水不洒出来呢?(例如:看着杯子和参与游戏的人,体会手的感觉,缓慢移动手臂。)
2. 准备好了吗?让我们试试看。

   帮助孩子们静静地来回(或绕圈)传递这杯水 2~3 次。
3. 现在让我们试一试,是否可以闭着眼睛传递杯子呢!在

⊖　1 英寸=2.54 厘米。

不能说、不能看的情况下,我们需要将注意力集中在哪里呢?(衣服发出的沙沙声、我们身边的人的动作、杯子在我们手中的感觉。)

帮助孩子们安静地闭着眼睛传递杯子。

小贴士

1. 在与幼儿一起玩这个游戏时,先用一个有盖的水瓶来练习,等他们练习好了,再改成水杯。
2. 杯中水的高度应该让孩子们感到有一定的挑战性,但是又不至于高到让他们无法完成任务。
3. 如果是和一群孩子玩这个游戏,可以让孩子们围坐成一圈。传完一轮后,改变水杯传递的方向。

下一组活动的目的是,帮助孩子们把在内省式游戏中学到的生活技能和主题应用到与家人、朋友的对话之中。

"你好"游戏

我们轮流向同伴问好,同时留意对方眼睛的颜色。这个游戏帮助我们集中注意力,练习眼神交流。

生活能力:聚焦力、关怀力、联结力　　适合人群:所有人群

带领游戏

1. 当我们看着别人的眼睛时,有时候会有强烈的感受,可能

是害羞、尴尬、激动或高兴，而且，每一次眼神接触引起的感受都可能不一样。
2. 现在，我们一起来试一试。我将向你说"你好"，并注意你眼睛的颜色，然后轮到你做同样的事。"你好，萨拉！你的眼睛看起来是棕色的。"
3. 现在你来试试。
4. 感觉怎么样？
5. 让我们再来一遍。

小贴士

1. 我们可以在晚餐时做这个游戏："晚上好，艾米！你的眼睛看起来是淡褐色的。"或者早上一起床就做这个游戏："早上好……"
2. 引导语特意用"你的眼睛看起来是……"而不是"你的眼睛是……"，目的是让孩子们练习不带分析或预设结论地观察事物。实际上，孩子们对他们看到的眼睛的颜色常常意见不统一，采用这样的措辞也是为了避免这个问题。
3. 在刚开始玩这个游戏的时候，尤其是在和新朋友或不太熟悉的大人玩的时候，幼儿有可能会因感到害羞而捂住自己的眼睛。这时，描述你所看到的实际情况就可以："你好，亚历克斯，你的眼睛被你的双手捂住了！"

"你好"游戏的引导语可以有无数种变化，这既可以着重培养对内心世界和周围环境中正在发生的事情的觉察，也可以增加游戏的趣味性。举例来说，如果让孩子互

第 12 章 如其所是,不需矫饰 171

相送出友好祝福或说出他们感谢的人或东西的名字,"你好"游戏就成了表达友善或感谢主题的游戏;如果让孩子提出一个问题,然后不带期待地倾听对方的反应,就是练习开放的心或共频的游戏。下面列出了一些改编的"你好"游戏引导语,你可以试一试:

- 给一个你此刻正在看、听、尝、闻或触摸的东西命名。
- 你有对自己的友好祝福吗?对朋友的?对我们星球的?
- 你此刻正在想着过去、现在或未来吗?
- 你的身体语言能够向你的搭档传达出你此刻的想法和感受吗?
- 看一看你的搭档的身体语言,猜一猜她正在想什么,她有什么感受。
- 如果你可以选择拥有一种超级感官,你会选择什么呢?你会怎样使用这种能力来帮助世界呢?

当孩子们或他们的父母的感知被投射或偏见遮蔽时,带着觉察倾听是很难甚至不可能的。下一个游戏"反射"里有一些屡试不爽的原则,能够帮助少儿、青少年和他们的父母学习用心倾听。

反射

我们使用以下原则来让自己以一种有益和慈悲的方式讲话和倾听。

生活能力：聚焦力、关怀力、联结力　　适合人群：少儿、青少年

"反射"的原则

1. 要记住，非语言线索（语调、手势、语气、面部表情）是有意义的，而且我们的身体语言能传递给别人我们本不想传递的信息。
2. 在倾听别人的时候不要强行加入自己的议题。
3. 在说话时要留意自己的偏见，留意内心对说出口的话产生的自动反应，并尽量避免沉溺其中。
4. 提醒自己，说话前后在心中进行预演和回想是正常的。不过，我们要尝试避免这样做，尽力安住在当下。
5. 提醒自己，沉默是谈话有意义的一部分。
6. 提醒自己，猜测别人的体验，或者以自己的体验去揣度别人的体验，往往不如直接提问有帮助。
7. 当我们陷入自己的想法或者无意间将谈话导向我们自己的议题时，暂停一下。记住，在我们意识到自己分心或者谈话跑题了的那一刻，就是正念觉察的时刻，也是我们重新开始的机会。

小贴士

"不加评判的觉察"是正念训练的一个重要主题，也是很

容易造成误解的主题。在重点培养关怀力和联结力的关系型游戏（如本章介绍的游戏）中，我们邀请孩子们和他们的父母暂缓评判，带着一颗开放的心去聆听，不要急于下结论，不过，这并不代表在正念练习中要完全杜绝评判。例如，通过玩强调聚焦力的游戏，孩子们会了解，人们需要评判来智慧地选择投放注意力的方向；通过玩强调洞察力的游戏，孩子们会了解，在智慧和慈悲引领的生活中，也需要评判来帮助人们面对具体的选择。

即使怀抱最美好的意图，孩子们也有可能脱口而出一些不经大脑的话，伤害朋友的感情。几乎每个人都犯过这种错误，之后又后悔不迭。在下一个游戏中，孩子们学习在开口说话前先问自己一系列问题，以避免用言语伤人，这也是一个培养孩子们明辨力的例子。

我是从已经退休的加利福尼亚州圣莫尼卡十字路艺术与科学学校小学部主任乔安妮·马丁处了解这些问题的。当我的孩子读小学时，她把这三个问题贴在学校入口门厅处，提醒孩子们在说话时心怀尊重。

三道大门

我们问自己三个问题,以确认我们想要说的话是否有益和友善:我想说的话是真实的吗?是必要的吗?是友善的吗?

生活能力:重构力、关怀力、联结力　　**适合人群**:所有人群

带领游戏

1. 讨论要点:有时我们会在不经意间伤害别人的感情。我们怎么确认自己的话对他人是尊重的呢?如果不小心伤害了别人的感情,我们该做些什么?

2. 避免伤害别人感情的一种方法是,在说话之前,先问自己三个问题:我想说的话是真实的吗?是必要的吗?是友善的吗?

   举一些你想说的话的例子,让孩子们一起用这三个问题帮你了解这些话是不是友善和礼貌的。

3. 讨论要点:什么时候该问这三个问题呢?你有没有过这种感觉,就是你知道自己想说的话可能是不尊重人的?

   分享你自己的经历,也让孩子们分享他们的经历。

4. 下一次有这种感觉时,试着问自己这三个问题,并且告诉我发生了什么。

小贴士

1. 可以让少儿问自己第四个问题:此刻是说这些话的恰当时机吗?

2. 提醒孩子们,并不是每次说话前都要问自己这三个问题,只有在意识到自己要说的话可能不友善或不礼貌时,才需要这样做。

3. "三道大门"游戏的讨论重点是有益的话,"这有帮助吗"游戏的讨论重点是有益的行动。
4. 在关系型游戏("你好""反射""三道大门"等)结束时,请孩子们留意自己的感受,问问他们,比起以愤怒和不友善的方式说话与行动,以这种温暖的方式说话和行动,感受上有什么不一样。在"友好的祝福""身心联结"和"身心一起来"游戏结束时,也可以这样做。这可以帮助孩子们更加理解心理和身体的联结。

安托瓦妮特·波蒂斯(Antoinette Portis)创作的奇妙绘本《不是箱子》(*Not a Box*)可以帮助孩子们反思共情和慈悲。大人在开始带领游戏之前,要记住这本书的结构:在棕色页,有一个画外音问问题;在红色页,小兔子回答问题。

不是箱子

我们仔细阅读安托瓦妮特·波蒂斯的绘本《不是箱子》中的文字和图画,理解书中角色的想法和感受。

生活能力:重构力、关怀力、联结力　　适合人群:幼儿、少儿

带领讨论
1. 我们一起来读一个故事。
   读棕色页的第一页,这一页里,有一个声音问兔子为什么

要坐在箱子里。

2. 你认为问问题的人是谁?

   听听孩子们的回答,然后翻到红色页,念出来:"这不是箱子。"

3. 那它是什么呢? 你觉得小兔子有什么感受? 那个向小兔子提问的人有什么感受?

   听听孩子们的回答,继续阅读棕色页的问题和小兔子的回答。每一页都问这样的问题:"这个箱子是什么? 小兔子有什么感受? 小兔子想要什么? 提问的人想要什么? 提问的人有什么感受?"读到"这不是,不是,不是箱子"后停下来。

4. 小兔子现在有什么感受? 它想要什么? 提问的人想要什么? 他们两个有什么感受?

   听听孩子们的回答,然后再翻到棕色页,念出大人说的话:"好吧,这到底是什么?"

5. 这到底是什么?

   听听孩子们的回答,然后再翻到下一页。这一页没有文字,只有一只小兔子坐在箱子上思考的画面。

6. 小兔子在干什么?

   听听孩子们的回答,然后翻到最后一页。

7. 讨论要点:你能讲一个你和别人看法不同的故事吗? 你能讲一个你被误解的故事吗? 你能讲一个误会自动解除的故事吗?

"我好奇"是一个温和、有效的短语,它可以开启对话,促使孩子们站在他人的立场上思考和感受，例如对一个孩子说"我好奇你的朋友现在有什么感受"，对青少年则是"我好奇是否可以从另一种视角来看这个问题是如何发生的"。

记住，在这些讨论中要照顾到孩子的发展阶段。由于幼儿园和低年级的小朋友仍然主要站在自己的角度来看待事物，因此跟他们讨论关怀力的话题时，最有效的方式是结合孩子们自己的切身体验，比如这条黄金法则："你希望别人怎么对你，你就怎么对别人。"

当孩子们正为自己的情绪所困时，即便他们已经达到一定的发育阶段，也仍然很难去感受他人的情感并恰当地表达共情。强烈的、困难的情绪常常是由孩子们自以为的需求所触发的，而实际上通常他们并不清楚自己真正的需求。（成年人也有同样的问题。）例如，少儿和青少年可能以为自己需要从朋友那里得到一些具体的东西（如想要朋友邀请他们一起做某个项目），实际上他们真正想要的是朋友把他们记在心里并加深彼此的联结。

如果孩子们以为自己的负面情绪是由于得不到某些具体的东西而造成的，他们沉浸其中的时间越长，视野就越狭窄，越不能从他人的角度来看问题，因此，也越得不到想要的东西。在培养静心力、聚焦力、洞察力、重构力、关怀力和联结力的游戏中，孩子们学习觉察并跳出自己的狭隘视角，站在他人的立场去看待事物。有了更广阔的视野，他们终将理解人类相互依存、万物永恒变化的本质。

在"洞察力"这部分内容中，我们已经讨论了人类相互依存、万物永恒变化这两大主题，目的是提醒少儿和青少年，当下发生的事情是无数因素共同作用的结果，有已知的因素，也有未知的因素，因此，即使孩子们以开放的心态探究和考量了所有已知因素，也可能仍然不足以看清和理解他人的处境或观点。伊斯特万·巴尼亚伊（Istvan Banyai）的无字绘本《变焦》（*Zoom*）展示了，如果孩子们只能看到完整图景的微小部分，是多么容易对人和事产生误解。

友好耐心的观察者

我们一起阅读伊斯特万·巴尼亚伊的绘本《变焦》，目的是了解当我们没有掌握足够信息时，很容易得出错误结论。

生活能力：重构力、关怀力、联结力　　适合人群：所有人群

第12章 如其所是，不需矫饰

带领游戏

1. 这本书里没有文字，只有图画，让我们一起来看一看。
2. 书中第一页画着一些橙红色、有尖头的图形，上面有一些小圆点，图形周围也有一些小圆点。
3. 你认为这些有尖头的图形是什么？你认为图形周围的小圆点是什么？

    听听孩子们的回答。

4. 你们确定吗？

    翻页，下一页展示了一只公鸡，有一些小圆点环绕在它周围。

5. 看起来这是一只公鸡，但是那些小圆点还在那儿，你觉得它们是什么？

    听听孩子们的回答。

6. 你们确定吗？

    翻页，下一页展示出公鸡正站在什么东西上，有两个孩子正从窗子里看着它。

7. 你认为孩子们是在室内还是在户外？公鸡呢？它在室内还是户外？那些小圆点还一直在，你认为它们是什么？

    听听孩子们的回答。

8. 你们确定吗？

    继续像这样翻页和提问，直到发现所有展示出来的图像（公鸡、孩子、农场）都是玩具。小圆点从图画中消失了，书里没有解释。

9. 这到底是怎么回事？这些小圆点怎么了？

听听孩子们的回答。
10. 你们确定吗?
继续像之前一样翻页并提问,直到结尾。
11. 讨论要点:讲述一个你或他人在没有太多信息的情况下得出结论的故事。你的结论正确吗?你认为它正确或不正确的理由是什么?

孩子们和家长们的所见所闻所思受各自生活经历的局限,这让全局视角变得更难。家长们把他们的希望、恐惧、偏见、价值投射到孩子们的经历之中,孩子们也将自己的希望、恐惧、偏见、价值反过来投射给父母。这个交织的、变化的感知和投射网络的存在,意味着没有人可以真正了知和感受另一个人的全部体验,不过如果能敞开心胸,尝试从他人的视角感知事物,至少可以接近他人的体验。经由对开放的心、相互依存、万物变化、清明头脑的理解和实践,我们可以通向另一个智慧、慈悲的世界观的核心主题——接纳。

我们不知道也不可能控制影响他人行为的全部因素,接受这一点还相对容易。我们不知道也无法掌控影响我们自己的行为的全部因素,要接受这一点就比较困难了。对于这一点,孩子、大人都一样。总有一些"别人家的父

第 12 章 如其所是，不需矫饰

母"，比我们更成熟、更自如，他们似乎总是能给孩子准备完美的午餐便当，策划完美的生日宴会，组织完美的文化活动。接纳，允许自己后退一步，抛弃预设的完美父母的概念，以开放的心来看待完整的图景，此时我们会发现，每个人都受到自身能力的限制，包括这些看起来很完美的父母，也包括我们自己——这是生命中显而易见的事实，却是如此难以把握，更加难以接受。

许多人发现，我们可以时刻提醒自己这样一个事实，即安于我们本来的样貌，比起扭曲自己的本性以变成另一个人的样子，对孩子来说是更好的示范，这也让我们更容易接纳自己。关于"60分父母"最好的一句箴言也许就是多年以前我在女儿的书架上发现的，写在石灰绿色便签条上的那句话：esse quam videri（如其所是，不需矫饰）。

第 13 章

自 由

一只年老的、有智慧的蜂鸟骑着自行车路过,看见一只年轻的蜂鸟躺在地上,脚掌朝天。"你把脚举在空中干吗呢?"老蜂鸟问。

年轻的蜂鸟回答道:"我听说今天天会塌下来。"

老蜂鸟挠了挠头,"你以为一只小鸟的小细腿儿可以撑住天空吗?"

"有人帮忙也无妨呀。"小蜂鸟说。

老蜂鸟耸耸肩,在小蜂鸟身边躺下,把自己的脚也举到空中。它们说说笑笑,过得很愉快。一头庞大的、坏脾气的大象打断它们的谈话,说它们在浪费时间,不过这对

第 13 章 自　由　　183

新朋友并不放在心上。

又一只蜂鸟出现了，加入了它们俩，然后第四只、第五只、第六只……很快，长长的一排蜂鸟举着它们的小细腿儿、小细爪儿朝向天空，笑着、唱着、讲故事。

当夜幕降临时，大象回来了，它说："瞧瞧，什么也没发生，你们真是浪费时间。"但是第一只小蜂鸟有不同的看法："我们成功了。"它叫道，然后跳起来，抖抖羽毛，"恭喜大家"！

它们达到了自己的目标，这支新成立的蜂鸟特别行动队宣告今日取得了大成功。它们三三两两地飞回自己的巢穴，该吃饭吃饭，该睡觉睡觉，计划明天再相聚，再一次拯救世界。

智慧、年长的蜂鸟真的相信它在帮助小蜂鸟拯救世界吗？还是它的陪伴只是出于友善？除了老蜂鸟自己，没人

知道它的真实动机,但是友善确实有利于健康和幸福,并且对付出和收到友善的人都是如此。

加州大学河滨分校的索尼娅·柳博米尔斯基(Sonja Lyubomirsky)教授在其《幸福有方法》(*The How of Happiness*)一书中解释道,友善可以加深付出者与他人的联结,让付出者在对方身上看到原先看不到的积极品质。友善的行为还可以激励他人也变得友善,改善他人对自己的形象的看法,因为此时他们觉得自己是利他的、慷慨的。非刻意的友善行为无所谓匿不匿名,也不需要郑重其事。最有意义的善行通常是那些解决具体困难的日常行为,比如把自己车上的电缆跨接给没电的汽车充电,或在飞机上帮助身边的乘客把沉重的行李放上行李架。

许多个世纪以来,冥想修习者一直有一个秘密的善行练习:向他人默默地送出祝福。这一经典练习可以改编为更活泼、更符合儿童特点的版本,

即下面的游戏。

祝福全世界

我们一起制造一个想象中的大球,里面承载着我们对世界全部的友好祝福。我们一起把球抛向天空,想象它将我们的友好祝福带给每一个人,带到每一个角落。

生活能力:聚焦力、关怀力、联结力　　适合人群:幼儿、少儿

带领游戏

1. 讨论要点:设想或想象某样东西是什么意思?友好祝福是什么?
2. 我们将要想象一个场景,用一个大大的、飘浮的球向世界传递我们的友好祝福。
3. 我们先假装一起托起这个球。把手伸出来,像这样,帮我把球托住。
4. 这个球是什么样子的?它是什么颜色?它是闪闪发光的吗?它有圆点或者条纹吗?闭上眼睛,看看能不能想象出它的样子。
5. 现在,我们轮流把自己的友好祝福放进这个球里面。谁先来说一个祝福?

   让孩子们说出他们的祝福,假装把它们放进球里。告诉孩子们,每加入一个祝福,球就变得大一些、重一些。

6. 我们一起数到3,把球抛向空中:1,2,3!跟球挥手告别,想象它正将我们的祝福带给每一个人,带到每一个角落。

无论是为了完成目标、应对冲突还是帮助他人，有了通过正念和冥想培养出的格局与能力，也就有了在任何情境下进行智慧、慈悲应对的行动框架：

第一步，检视你的动机；

第二步，探索和研究；

第三步，开放头脑，看到更大的图景；

第四步，选择如何回应，然后顺其自然；

第五步，对过程进行反思，处理愤怒或受伤的感受。

检视你的动机

着重于相互依存主题的游戏让孩子们看到，他们所做的每一个选择都受到无数因素的影响，而且大多数因素超出了自己的掌控范围。另一个共同的主题——动机，恰好是一种能够掌控的因素。和本章开头故事中的蜂鸟、《胡萝卜种子》中的小男孩、《小火车头做到了》中的蓝色火车头以及《狮子与小鸟》中的狮子一样，孩子们有可能把友善看得比结果更重要。

重视友善，并不代表必须把他人的需要放在自己的需要之前，而是在做决定、说话、行动时，能够同时考虑他人和自己的利益；重视友善也不意味着不关注结果。结果很重要，现实也同样重要，如果孩子们能认识到自己并不可能掌控一切，他们就会更加脚踏实地。

孩子们最本能的需要是生存，因而人际冲突是不可避免的，在这一点上人类和其近亲黑猩猩、倭黑猩猩是一样的。友善的行为可能不被认同，纯净的意图可能遭到误解，友好的孩子可能会受到伤害。在操场上和中学食堂里，友好的孩子常常是霸凌的对象，尤其是他们不愿反击或别人以为他们没有能力反击时。

在智慧与慈悲的世界观之下，儿童和青少年会慢慢发现什么是最重要的，并学会识别朋友的越界行为。通过培养静心力、聚焦力、洞察力、重构力、关怀力和联结力，孩子们可以学会捍卫自己珍视的事物，学会保护自己。

探索和研究

为了巧妙地应对复杂的情境，孩子们首先要思考自己的角色，思考相关各方的角色，思考这个情境所在的社会系统的角色。

"五个为什么"是我从冥想老师、作家肯·麦克劳德（Ken McLeod）那里学到的一个游戏，它提供了一个检视不同角色的框架，适合少儿和青少年。这个游戏可以两人一组来玩，一个孩子提问，另一个回答；也可以一组孩子一起玩，让孩子们各自把答案写下来。如果是小组游戏，要分别为每个孩子准备一张纸和一支笔。

五个为什么

我们问五次"为什么"，帮助自己理解一个问题和它的解决方案。

生活能力：重构力、关怀力、联结力　　　适合人群：少儿、青少年

带领游戏

1. 想一想你过去处理过的一件麻烦事。
2. 你在这个情境中是什么角色？用一两句话写下你的答案。

   等孩子们把答案写下来（或者把答案告诉他们的同伴）。

3. 现在，把你的回答变成一个问题。比方说，如果你的回答是"我的角色是解决问题的人"，那就问自己"为什么我要负责解决这个问题"，然后给出一个简要的答案。

   只要孩子们认为有帮助，就继续引导他们进行提问和回答，这个过程不少于五次。

   接下来，重新组织问题，探询同一个情境中其他人的角色，最后，探询系统的角色。看起来问题很多，不过提问和回答的过程很快。

看到更大的图景

在孩子们确认了一个情境中参与各方所扮演的角色后,他们就有能力聚焦于彼此间的共同点而非差异。

三个共同点

当我们与他人产生分歧或误会(或者他们只是让我们心烦)时,我们了解并允许自己的感受存在,并想出自己与这个人的三个共同点。

生活能力:重构力、关怀力、联结力　　适合人群:所有人群

带领游戏

1. 想出一个与你意见不同或让你心烦的人。
2. 你对他有什么看法?你觉得他对你有什么看法?
3. 我打赌你们俩一定有相同的地方。快速说出你们的三个共同点。

小贴士

1. 提醒孩子们,我们最爱的人可能也是给我们带来最多烦恼的人。对跟兄弟姐妹有矛盾的孩子来说,这一点可以有效地帮助他们转换视角。
2. "三个共同点"和"祝福难相处的人"搭配练习会很有帮助。记住,这两个游戏的共同目标是帮助孩子们拓宽视角,而不是改变他们对不喜欢的人的看法。

"五个为什么""三个共同点"和"不是箱子"游戏很容易被融入与孩子们的对话中,帮助他们探索万物的相互依存和永恒变化。当从相互依存和永恒变化的角度来看待行为时,孩子们会发现:无论发生什么(好的、坏的、中性的),不是一切都与自己有关,且一切总会变化。在"球场人浪"和"传递脉动"这两个游戏里,孩子们可以直接体验到相互依存。

球场人浪

我们通过团队合作、协调动作,一起制造波浪的视觉效果。

生活能力:聚焦力、洞察力、联结力　　适合人群:所有人群

带领游戏

1. 有谁能说一下"球场人浪"是什么?(一群人轮流起立或举手,形成海浪起伏的视觉效果。)

   我们帮孩子们并排站成一条直线或围成一个圆圈,告诉他们波浪运动的方向,然后选择一个孩子作为"领头人",也就是波浪的起点。

2. 请像这样蹲下来,膝盖弯曲,双手触地。

   演示准备姿势和动作,然后向大家说明,当第一个人把手举到空中时,第二个人开始做同样的动作,之后依此类推。

第 13 章　自　由　　191

3. 当我说"开始"的时候，我们开始制造波浪。
4. 让我们加快速度。
5. 现在改变波浪的方向。
6. 现在试试放慢动作。

在"球场人浪"游戏中，孩子们相互配合彼此的动作，完成一个共同的目标。"传递脉动"也是一个互动合作游戏，孩子们围成一圈，依次捏捏其他人的手，能量脉冲就在圈内传递。游戏开始前，让孩子们手拉手围成一圈坐好，然后选择一个孩子作为第一个发射能量的人。

传递脉动

我们团队合作、协调动作，在圆圈中传递能量脉冲。

生活能力：聚焦力、关怀力、联结力　　适合人群：所有人群

带领游戏

1. 当我说"开始"时，用左手轻轻捏一下你左边同伴的右手。
2. 当你感觉到右手被捏了一下时，就轻轻地捏一捏你左边同伴的右手，将脉动传递给下一个人。
3. 让我们加快速度。
4. 转换方向。
5. 慢下来。

选择如何回应，然后顺其自然

决定一次冲突的走向的，是回应冲突的一方，而非发起冲突的一方。为确保能够智慧、慈悲地应对冲突，青少年可以重新审视自己的动机，以开放的心权衡各项因素，再依照现有信息尽力做出好的回应。做决定就像射飞镖，影响因素无穷无尽，个中因缘变幻无常，没有人能看透一切。不过，孩子们也不必因此泄气。

智慧、慈悲的回应，有时是积极行动，有时是按兵不动。当最好的回应是什么也不做时，我鼓励孩子们顺其自然，并提醒他们：如果允许一个情境自然发展，那么误会通常会自己消失。通过正念和冥想，孩子们学习分辨在面对误会时该如何回应，是挺身而出、拨乱反正，还是按兵不动、顺其自然。

当智慧、慈悲意味着积极行动时，孩子们需要学会捍卫自己的原则。静心力、聚焦力、洞察力、重构力、关怀力与联结力的培养，帮助孩子们平和、坚定地行动，就像下面这个古老的故事中的日本茶艺大师一样。

一位高等武士钦慕一位茶艺大师的宁静和专注，故授予他武士的绶带与头衔。之后某日，另一位武士到访，他上下打量大师，问他何以佩戴武士绶带。大师做了解释，然而武士不服："如果你要佩戴绶带，就得像武士一样战斗！"武士向茶艺大师发出次日清晨决斗的挑战。

茶艺大师决定要捍卫自己的荣誉，也要捍卫当初授予自己绶带的武士的荣誉。他找到一位剑术大师，战战兢兢地向他请教如何决斗。剑术老师答应教他，条件是茶艺大师在决斗前再进行一次茶道仪式。在准备仪式的过程中，茶艺大师平静地将注意力集中在上等的茶杯、茶壶和茶叶上，恐惧逐渐消失。剑术大师喝了茶，给出自己的建议："若你能以侍茶之心来决斗，就是准备好了。"

茶艺大师以准备茶道典礼的至诚专注之心来对待决斗，恐惧之心逐渐退去。他拔剑，高举过头顶，对手以鞠躬回应，承认他是一位真正的武士。

反思发生的事情，处理任何愤怒或受伤的情绪

茶艺大师选择顺其自然，后来误会得到解除，他的故事有一个很好的结尾。可惜情况不总是如此。即使孩子们做对了每一件事，也仍然可能受伤，就像苏斯博士的诗里写的："很遗憾我必须要说出来／一个令人悲伤的真理／

好事情坏事情／都会发生在你生命里。"处理痛苦的重点是学习看见痛苦、承认痛苦、放下痛苦。

在下一个游戏里,孩子们学习放下误解、愤怒和其他痛苦的感受,方法是想象发生的好事和坏事,把它们放到粉色泡泡里,看着它们飘走。这个游戏最有力量的部分是,孩子们向这些愤怒和过去的伤痛挥手告别,祝它们一切都好。

粉色泡泡

我们想象一个粉色的泡泡,然后把失望或其他令我们不舒服的感受装进去。当粉色泡泡飘走时,我们跟它挥手告别并送上祝福。

生活能力:聚焦力、静心力、关怀力　　适合人群:所有人群

带领游戏

1. 我们坐下来,挺直腰背,放松身体,将双手轻轻地放在膝盖上。如果你愿意,可以闭上眼睛,让我们一起做几个呼吸。
2. 想一想失望的感受,或其他令你烦恼的感受,把它装进一个想象中的粉色泡泡里。
3. 想象自己看着这个明亮、轻盈的粉色泡泡飘走,想象困扰你的感受也随它一起飘走了。

4. 跟这个粉色泡泡挥手告别,并送给它祝福。
5. 讨论要点:哪些事情会让你困扰?放下那些困扰是什么感觉?向这些困扰送出祝福是什么感觉?还有什么困扰是你想放下并祝福的?

当感到愤怒不安时,孩子们会变得以自我为中心,只关心自己的感受,他们的视野会变得狭窄,不容易从他人的角度考虑问题。不过,他们也可以从狭窄的视角中抽离,以智慧、慈悲的世界观来看待事物。当头脑中有更多空间时,孩子们就可以用更开放的态度来看待发生的事情,甚至会思考,伤害他人的人是否也有受伤的感觉呢?毕竟,和我们一样,伤害别人的人也想要幸福、安全和平安。这样的思考让孩子们更容易对他人产生同理心和慈悲心,也对自己更有慈悲心。

从这个角度出发,孩子们能更清晰地看到万事万物永恒变化、相互依赖和因缘无限(任何结果都由无限的肇因和条件共同导致)的本质。有了这样一种平衡的心态,孩子们会更容易接纳任何人身上都有可能发生不好的事情,也更能够感恩好事的存在,从而形成良性循环:越感恩,就越快乐;越快乐,就越感恩。

下一个游戏鼓励孩子们退后一步,用更宽广的心态来看待生活中的挑战。孩子们来回滚动一个小球，同时说出烦心的事和开心的事。玩这个游戏可以两人一组搭档，也可以小组围成一圈来完成。

> **我仍然感到幸运**
>
> 我们来回滚动一个球，同时说出不愉快的事，也说出愉快的事。
>
> 生活能力：洞察力、重构力　　适合人群：所有人群
>
> **带领游戏**
> 1. 我们相互滚动传球，传到你的时候，请说出一件困扰你的事情，然后一边把球传出去，一边说出这件事情积极的一面。
> 2. 从我开始。"我今晚必须学习，不能去看比赛。"
>   一边把球传给下一个人，一边说："尽管如此，我还是觉得自己很幸运，因为我看过其他比赛。"
> 3. 现在，你说一件事，把球回传给我。（比如："今天我的妹妹很烦人，尽管如此，我还是觉得自己很幸运，因为我有妹妹。"）
>   随着游戏的进行，引导孩子们加快节奏。

当遭遇生活中的起伏和误解时，当产生受伤的感受时，编织起智慧、慈悲的世界观的这一系列主题能帮助孩子们发现和牢记自己真正的需求。数个世纪以来，超越式

修习一直是一条通向自由的路径。

自由不是金光闪闪的。大多数时候，自由是一种安静的坚持和耐心，正如狮子、老蜂鸟、蓝色小火车头和种下胡萝卜种子的小男孩所示范的。在戴维·福斯特·华莱士在凯尼恩学院的学位授予仪式上发表的演说中，除了小鱼的故事外（见本书第二部分），他还告诉毕业生们：

> 自由有多种存在形式，最珍贵的一种，你们在这个由成功、成就和表现来定义的花花世界中不会听到太多。真正重要的一种自由，是关注、觉察、自律和努力，是真心关心他人，是为他人做出牺牲，用无数细微、平凡的方式，一次又一次，一天又一天。

在通过正念和冥想来接近自由的道路上，除了我们已经在本书探讨过的其他主题外，同样需要华莱士在他的演讲里提到的关注、觉察、自律、努力和牺牲。我不会把自由之路描述成"成功、成名和显耀之路"，在这条路上我时常感到沮丧疲惫，也时常感到振奋——它助我达到了过去不曾奢望的一种心理自由：在每一次呼吸、每一次迈步时，在每一个瞬间里，都有奥秘和喜悦等待着我发现，为此我感恩不尽。

结束语

对正念和冥想的新手来说，本书的信息量可能有点大，因此我专门留出这一节，给读者列出一些有用的技巧，并回答一些常见的问题。在此之前，我想先强调一个建议：在跟孩子们和家庭分享正念和冥想的时候，尤其是在传递一些难以言语化的观念时，记住运用故事的力量。

如果你并非讲故事的老手,那么你可以从你孩子的书架开始寻找灵感,尤其注意那些与正念游戏传达的主题一致的图画书。(本书末尾提供了一个主题列表。)

当你越来越熟练时,你就可以尝试在日常生活的挑战和难题中去发现这些主题,这些挑战和难题会成为专属于你的故事素材库。去超市、接孩子放学、在针锋相对的兄弟姐妹之间调解周旋……都是学习正念的好时机。这些故事来自你的家庭的体验,具有特别强大的力量,因为它们拥有难以复制的即时性和真实性。最棒的是,每一天都有无数这样的故事!

带领正念游戏的小贴士

- 寻找一个相对安静、不被打扰的、可以舒适地坐着或者躺下来的地方。
- 在带领游戏之前,自己过一遍游戏步骤,找找感觉。
- 在带领游戏时,使用自己正常说话的声音和语言。
- 有些孩子太想专注,反而导致在冥想时身体紧张;另一些则太过放松,身体蜷曲,昏昏欲睡。我们要时不时地提醒一下孩子们挺直脊背并放松身体。
- 提醒孩子们,感受就是感受,不存在正确或错误之分。
- 有时候孩子们会感觉闭上眼睛不自在,在这种情况下我们不要坚持让他们闭眼,即使有些游戏适合闭着眼睛进行。可以告诉孩子们,你会一直保持眼睛睁开,看着房间内发生的事情,这样能让他们安心一些。
- 孩子们对游戏的反应不一样,对一些孩子来说很容易、很自然的游戏,对另一些孩子来说却很困难。不要强迫孩子们去玩他们不喜欢的游戏,可以试一试同类主题或培养相似能力的其他游戏。
- 所有的游戏都含有适合全部年龄的正念元素。如果看到少儿和青少年也被专为幼儿设计的游戏所吸引,不用太吃惊。同样,幼儿也能从看似超出他们年龄和心智的游戏中获得乐趣。

常见问题:正念和冥想

能否用 30 秒描述清楚正念是什么?

最简明扼要的定义来自乔·卡巴金的正念减压课程：有意识地、不加评判地将注意力集中在当下。

孩子们怎样才能不加评判地将注意力集中在想法和感受上呢？

当孩子们注意到自己的感受时，我们希望他们报之以友善的内在声音，像这样："现在这样静坐着真不容易，这是可以的，每个人都会时不时地有这样的感受。我可以就这样坐着，感受我的身体和全部能量——呼吸急促，心跳加速——我可以呼吸，听声音，感受我的感受，这样就可以了。"

正念和冥想之间有何不同？

在古老的梵语和巴利文中，"正念"这个词的含义是"记住"，记住觉察的对象。"冥想"这个词在不同的静修传统中有不同的意义。在藏语里，"冥想"一词的含义是"变得熟悉"，指让我们熟悉自己的心智活动。这里有一个简单区分二者的办法：冥想是一种通过直接与心智活动工作而熟悉其运作机制的方法；正念是了知此时此刻我们的心在哪里，它是一种什么样的状态。

正念能够帮助孩子们平静吗？

我们想要孩子们注意到他们在当下的感受，而非去改变这种感受。当以这样的心态练习时，正念常常能让孩子们感到更加平静和放松，但并非总是如此。

"感受你的呼吸"和"留意你的呼吸"有什么不同？

鼓励孩子们去感受呼吸（而非仅仅留意到呼吸）可以引导孩子们在正念游戏中更靠近感官体验，而非思维活动。

常见问题：如何开始与孩子们玩正念游戏

我应该怎样开始呢？

可以从自己喜欢、对自己有帮助同时也适合孩子们的游戏开始。如果你对正念倾听比较有感觉，那么你可以一开始就和孩子们练习"逐渐消失的声音""我听见了什么""数声音"等倾听游戏。

我很忙，而且我是冥想新手，我应该怎样开始呢？

把时间用于你自己的正念和冥想练习。从简短的、多次的觉察时刻开始，比如"停下来感受呼吸"和"静心觉察"练习，温柔地觉察自己的生命体验，尝试去理解而非评判或改变它们。这样简短、多次的觉察时刻可以帮助你相对迅速地转换行为和心态，这些转换的体验可以让你更容易带领游戏，并且更好地理解这些游戏中包含的主题和生活技能。

我有一些正念和冥想的经验，但不多，在这种情况下我应该怎么开始呢？

孩子们有一种去伪存真的神奇本能，不过如果你所传授的是你的真实体验，那你大可以放心去做。例如，如果暂停和感受呼吸能帮助你稳定心绪，就和孩子们分享暂停和感受呼吸；如果留意当下的感官体验可以减轻你的担心和焦虑，就教孩子们留意感官体验。

常见问题：如何引导正念游戏

足够的游戏时长和频率是多少呢？

孩子们不需要练习很长时间就能从正念中获益，他们只需要持续练习。重点是将短暂的觉察时刻频繁地融入日常生活，记住，重复非常重要。

孩子们应该每天冥想吗?

如果孩子能够每天进行正式的静坐练习,那当然再好不过了!你可以鼓励孩子试一试,但是不需要刻意勉强。

如何帮助孩子们把正念整合到他们的日常生活中呢?

可以时不时地在孩子们的日常活动中创造短暂的觉察时刻,比如,开门的时候,让孩子留意门把手和手接触的感觉,或者用慢动作来穿袜子;当孩子撞上人或物品时,让她"停下来感受呼吸",或者"像树懒一样慢点儿",而非向她吼叫"走路看着点!"

我应该怎么鼓励孩子们讨论正念和冥想呢?

可以在他们练习完正念游戏以后习惯性地问一下,给他们时间分享练习的体验和感受。根据我的经验,在练习和分享之间的引导应该尽可能简洁。

讨论的要点是什么?

讨论的要点在很多游戏的引导语里都有。这些引导语本身就能引导父母和孩子们讨论游戏中所涉及的生命主题与生活能力,以及它们对日常生活的益处。讨论时不一定要涉及引导语中的所有要点,而且你完全可以根据自己的需求来调整这些要点。

常见问题:如何应对练习中的障碍

如何引导孩子们更投入练习呢?

对幼儿,可以邀请他们自己来引导一些比较活跃的游戏,比如"拉拉链""慢,慢,慢点儿"和"气球手臂",这样做除了能让孩子们更投入,还可以帮助孩子们建立自信。如果有其他孩子一起玩,那么带领游戏还可以让孩子们练习在群体面前讲话。

如果孩子们的年龄相对较大,可以鼓励他们通过"感受我的脚""正念等待"和"一次一小口"这样的练习来体验短暂、多次的觉察时刻。

当孩子们感到沮丧,说正念"没什么用"的时候,我怎么回答呢?

通常很有用的是跟孩子们分享你自己在正念和冥想练习中应对挑战的亲身经历(我们全都有类似的经历)。你分享的只能是基础的、比较小的挑战,避免跟孩子谈比较大的、严重的问题。这一点非常重要,因为我们不想无意间给孩子传递这样一个信息,即我们希望他们来照顾我们。实际上应该是我们照顾他们。

如果孩子们搞破坏怎么办?

如果孩子们很难控制身体的行动或者音量,就让他们休息一下,直到他们可以礼貌地说话和行动。提醒他们,当他们准备好时,欢迎随时再参与进来。有一些游戏和活动,尤其是那些需要专注力的活动,很容易让人产生挫败感,因此孩子们时不时需要休息一下是可以理解的。

如果孩子们在不合适的时间或场合提出敏感问题怎么办?

先肯定他们对这个问题的关注,然后调整语气,转移话题,确保之后在更私密的场合再提起这个话题。

致 谢

向本书的编辑 Annaka Harris 致以深深的感谢,她为本书及配套的游戏卡片的付出远远超过其工作职责。感谢 Annaka 和我的出版代理人 Amy Rennert 指导了本书出版的全过程。感谢 Cortland Dahl、Sue Smalley、Sam Harris、Anna Mcdonnell 和 Seth Greenland 对本书初稿的阅读和评论。此外,还要感谢 Mark Greenberg、Joseph Goldstein、Surya Das、Trudy Goodman、Carolyn Gimian、Jim Gimian、Barry Boyce、Steve Hickman、Mark Bertin 和 Tandy Parks 为我们答疑解惑,贡献大量意见。感谢 Diana Winston、Martin Matzinger 和他们的女儿 Mira Matzinger 贡献了"米拉

的游戏"。以上亲密的朋友和同事贡献的智慧和洞见,让《正念亲子游戏》一书更丰富、更好。

感谢 Lindsay duPont 为本书绘制了意趣盎然的插图。感谢 SuziTortora 在设计游戏初期提供的帮助,她帮助我们把动作更好地融入一些游戏(尤其是给幼儿的游戏)之中。

感谢 Beth Frankl 和香巴拉出版社团队(the team at Shambhala Publications),他们帮助我关注本书最广大的潜在读者群体,给予我耐心和鼓励。

本书是我创造的 800 多页教学手册的精华,是我近十年来与家长、教师和临床工作者分享儿童和家庭正念教学经验的结晶。在这个过程中无数人给予了我支持,我无法一一道出他们的名字,但是其中有一些要特别感谢。

感谢下面这些知名冥想老师欣然同意成为"内在小孩"课程的顾问:Jack Kornfield、Sharon Salzberg、Surya Das、B. Alan Wallace、Gay Macdonald、Trudy Goodman 和 Diana Winston。有你们支持是我的荣幸,在此致以深深的谢意。

感谢在不同的"内在小孩"课程中教学的杰出同行:Daniela Labra、Ryan Redman、Daniel Rechtshaffen

和 Tandy Parks。谢谢你们的友谊、幽默和对修习的投入。

感谢 Michelle Limantour、Nick Seaver、Lisa Henson、Sue Smalley、Charlie Stanford、Shelly Sowell、Jenny Manriguez、Deb Walsh、Mary Sweet 和 Melissa Baker 在"内在小孩"项目发展的初始阶段给予的帮助。

诚挚地感谢那些参加过"内在小孩"课程培训的人们，和正致力于推进与应用这项事业的人们，感谢你们付出精力，与儿童、青少年和家庭分享正念静观。

最后，我希望向所有给予我温暖、关怀和指导的老师们表达感激之情，他们给予我的启示，难以言传，但意义深远。

主题列表

在下面的主题列表之中,我在每一段描述中都嵌入了"我提醒自己"这样一句话,以致敬"正念"一词的"记住"这一原意。提醒孩子们记住接纳、感谢、关注……比告诉他们如何以特定的方式说话和行动,更加符合正念与冥想练习的真谛。

接纳	感谢
我提醒自己,我不可能知道或掌控导致这一刻发生的每一种肇因和条件。但是,我可以掌控我自己的动机,我可以尽力以智慧和慈悲来指导我的言语与行为。	当我记得去感谢我的关系、健康、好的体验、物品和大自然时,我提醒自己,感谢是幸福的因,也是幸福的果。

(续)

注意（泛光） 我提醒自己，我可以不对发生在外界和内在的现象做出反应，从而以开放的心来探查这些现象。	**注意（聚光）** 我提醒自己，我可以选择我关注的对象，并且可以维持这种关注。
共频 我提醒自己，对别人的言语和行为，我可以通过看、听、感觉、诠释、回应去看见和理解他们，他们也能感受到被看见和被理解。	**肇因和结果** 我提醒自己，我的一言一行都会影响他人和这个世界，他人的言行也会影响世界和我。
清明 我提醒自己，为了清晰地看见发生在内在世界和外在世界的一切，不要急着下结论，我可以后退一步，开放头脑，看到更大的图景。	**慈悲** 我提醒自己，我有能力从另一个人的视角来理解一件事情的面貌和相应的感受，从而进行更智慧和友善的回应。
明智的信心 我提醒自己，我有能力容忍不舒服的情境和感受，并在任何情境下保持头脑清晰、内心温暖。	**明辨力** 在对一个复杂的情境做出回应或评判之前，我提醒自己考虑正在发生的事情和我可能的回应是否对他人、世界和我自己有利。
共情 我提醒自己，在任何情境下我都可以后退一步，从他人的角度来看问题，想象他人有什么感受。	**万物永恒变化** 我提醒自己，一切来了，一切又走了，一切都处于变化之中。

（续）

相互依存 我提醒自己，发生在当下的一切，是数不清的因素交互作用的结果，在这些因素中，有一些我知道，有一些我不知道，有一些完全不受我掌控。	**喜悦** 我提醒自己，喜悦和幸福的条件永远都存在，它们有自身的规律，我在任何时候都可以与之相联结。
友善 我提醒自己，多关注我自身的善行，少关注结果。	**动机** 我提醒自己，在行动之前，在把话说出口之前，思考自己为什么要这么做，为什么要这么说。尽量让自己的言语和行为出自智慧、慈悲的心。
开放的心 我提醒自己，在看起来毫无关系的事物之间，总有共通之处，每一个故事都有不止一面。	**耐心** 我提醒自己，看到我自己和他人努力的结果，是需要时间的。
此时此刻 我提醒自己，我可以抵御逃离当下的冲动，去观察，去倾听，完全投入这一刻。	**克制（行为上）** 我提醒自己，即使感到压力、兴奋或不安，我也仍然可以沉着应对。在想清楚之前，我可以控制自己的冲动，不对一个情境做出惯性反应。
克制（心理上） 我提醒自己，我可以容纳强烈的情绪，不对我的想法、感受和身体感觉做出惯性反应。	**自我慈悲** 我提醒自己以智慧和友善的方式看待自己的想法、感受、言语和行为，以智慧和友善的方式回应自己的想法与感受。

附 录

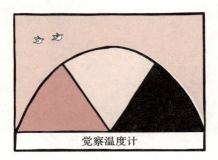

觉察温度计

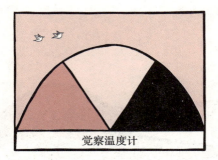

觉察温度计

参考文献

第一部分 静心力

"Goldilocks and the Three Bears" is based on a British folk story.
Siegel, Daniel J. *The Developing Mind: Toward a Neurobiology of Interpersonal Experience*. New York: Guilford, 1999.
Hanson, Rick, and Richard Mendius. *Buddha's Brain: The Practical Neuroscience of Happiness, Love, and Wisdom*. Oakland, CA: New Harbinger Publications, 2009.

第 1 章 有意识地呼吸

The Christopher Robin quote is widely attributed to A. A. Milne, but it appears to be from a Disney movie, *Pooh's Grand Adventure: The Search for Christopher Robin*. The sentiments are based on similar concepts in the original Winnie-the-Pooh books by Milne.
Goleman, Daniel. *Emotional Intelligence*. New York: Bantam, 1995.
Tortora, Suzi. *The Dancing Dialogue: Using the Communicative Power of Movement with Young Children*. Baltimore: Paul H. Brookes, 2006.

第 2 章 注意力的锚点

Neff, Kristin, and Christopher Germer. *Mindful Self-Compassion*. Accessed January 7, 2016. www.mindfulselfcompassion.org.

Germer, Christopher K. *The Mindful Path to Self-Compassion: Freeing Yourself from Destructive Thoughts and Emotions*. New York: Guilford, 2009.

Levine, Peter A., and Maggie Kline. *Trauma-Proofing Your Kids: A Parents' Guide for Instilling Confidence, Joy, and Resilience*. Berkeley, CA: North Atlantic, 2008.

Tsokyni Rinpoche and Eric Swanson. *Open Heart, Open Mind: Awakening the Power of Essence Love*. New York: Harmony, 2012.

Tsokyni Rinpoche. "How to Drop into Your Body and Feelings." *Lion's Roar*, August 24, 2015.

第二部分 洞察力和重构力

Wallace, David Foster. *This Is Water: Some Thoughts, Delivered on a Significant Occasion, about Living a Compassionate Life*. New York: Little, Brown, 2009.

第 3 章 开放的心

The story about a father, his son, and a horse is based on a Chinese folk tale.

Goldstein, Joseph. "One Dharma." On "*The Buddha*: A Film by David Grubin" web page, *PBS*, April 20, 2010. Accessed January 7, 2016. www.pbs.org/thebuddha/blog/2010/apr/20/one-dharma-joseph-goldstein/.

Kabat-Zinn, Myla, and Jon Kabat-Zinn. *Everyday Blessings: The Inner Work of Mindful Parenting*. New York: Hyperion, 1997.

His Holiness the Dalai Lama. *Beyond Religion: Ethics for a Whole World*. Boston: Houghton Mifflin Harcourt, 2011.

Harris, Annaka. *I Wonder*. Illustrated by John Rowe. Los Angeles: Four Elephants, 2013.

Rosenthal, Amy Krouse, and Tom Lichtenheld. *Duck! Rabbit!* San Francisco: Chronicle, 2009.

第 4 章　欣赏和感谢的力量

Seuss, Dr. *Oh, the Places You'll Go!* New York: Random House, 1990.

The story of the monkey and the hunter's trap is based on "Makkata Sutta: The Foolish Monkey." Translated by Andrew Olendzki. *Access to Insight*, 2005. Accessed January 18, 2016. www.accesstoinsight.org/tipitaka/sn/sn47/sn47.007.olen.html.

Iyer, Pico. "The Value of Suffering." Editorial. *New York Times*, September 8, 2013.

Baraz, James. "Frame It with Gratitude." *Huffington Post*, May 3, 2010. Accessed January 7, 2016. www.huffingtonpost.com/james-baraz/frame-it-with-gratitude_b_484722.html.

第 5 章　此时此刻

Harris, Dan. *10% Happier: How I Tamed the Voice in My Head, Reduced Stress without Losing My Edge, and Found Self-Help That Actually Works; A True Story*. New York: HarperCollins, 2014.

Ricard, Matthieu. *Happiness: A Guide to Developing Life's Most Important Skill*. New York: Little, Brown, 2006.

Dahl, Cortland J., Antoine Lutz, and Richard J. Davidson. "Reconstructing and Deconstructing the Self: Cognitive Mechanisms in Meditation Practice." *Trends in Cognitive Sciences* 19, no. 9 (2015): 515–23.

Greenberg, Mark. Personal interview, January 2, 2016.

Dahl, Cortland J. Personal interview, January 2, 2016.

Portis, Antoinette. *Wait*. New York: Roaring Brook, 2015.

Hanh, Thich Nhat. "Five Steps to Mindfulness." *Mindful*, August 23, 2010.

Kornfield, Jack. *The Wise Heart: A Guide to the Universal Teachings of Buddhist Psychology*. New York: Bantam, 2008.

Killingsworth, Matthew A., and Daniel T. Gilbert. "A Wandering Mind Is an Unhappy Mind." *Science* 330, no. 6006 (2010): 932.

Smalley, Susan. Personal interview, January 1, 2016.

Sapolsky, Robert M. "The Benefits of Mind-Wandering." *Wall Street Journal*, June 19, 2015.

第三部分 聚焦力

Krauss, Ruth. *The Carrot Seed*. Illustrated by Crockett Johnson. New York: Harper & Brothers, 1945.

Mingyur, Yongey, Rinpoche, and Eric Swanson. *The Joy of Living: Unlocking the Secret and Science of Happiness*. New York: Harmony, 2007.

Salzberg, Sharon. *Real Happiness: The Power of Meditation; A 28-Day Program*. New York: Workman, 2011.

Piper, Watty. *The Little Engine That Could*. Illustrated by Lois Lenski. New York: Philomel, 2005.

第 6 章 正念呼吸

Chödrön, Pema. *The Wisdom of No Escape and the Path of Loving-Kindness*. Boston: Shambhala, 1991.

Chödrön, Pema, and Joan Duncan Oliver. *Living Beautifully with Uncertainty and Change*. Boston: Shambhala, 2012.

Wallace, B. Alan. *Genuine Happiness: Meditation as the Path to Fulfillment*. Hoboken, NJ: John Wiley & Sons, 2005.

———. Personal interview, May 2, 2012.

7. Spotlight of Attention

Olendzki, Andrew. "Mindfulness and Meditation." In *Clinical Handbook of Mindfulness*, edited by Fabrizio Didonna, 37–44. New York: Springer, 2009.

Gimian, Carolyn Rose. Personal interview, December 16, 2015.

Flook, Lisa, Susan L. Smalley, M. Jennifer Kitil, Brian M. Galla, Susan Kaiser Greenland, Jill Locke, Eric Ishijima, and Connie Kasari. "Effects of Mindful Awareness Practices on Executive Functions in Elementary School Children." *Journal of Applied School Psychology* 26, no. 1 (2010): 70–95.

Galla, Brian M., David S. Black, and Susan Kaiser Greenland. "Mindfulness Training to Promote Self-Regulation in Youth:

Effects of the Inner Kids Program." In *Handbook of Mindfulness in Education: Integrating Theory and Research into Practice*, edited by Kimberly A. Schonert-Reichl and Robert W. Roeser. New York: Springer, 2016.

Carle, Eric. *"Slowly, Slowly, Slowly," Said the Sloth*. New York: Philomel, 2002.

第 8 章　平静的心

Goodman, Trudy. Personal interview, January 14, 2016.

Seppälä, Emma M. "18 Science-Backed Reasons to Try Loving-Kindness Meditation!" *Psychology Today*, September 15, 2014.

第 9 章　跳出头脑

Kabat-Zinn, Jon. *Coming to Our Senses: Healing Ourselves and the World through Mindfulness*. New York: Hyperion, 2005.

Willard, Christopher. *Growing Up Mindful: Essential Practices to Help Children, Teens, and Families Find Balance, Calm, and Resilience*. Boulder, CO: Sounds True, 2016.

Goodman, Trudy. Personal interview, January 14, 2016.

第四部分　关怀力

The story of an acrobat and his apprentice is based on "Sedaka Sutta: The Bamboo Acrobat." Translated by Andrew Olendzki. *Access to Insight*, 2005. Accessed January 18, 2016. www.accesstoinsight.org/tipitaka/sn/sn47/sn47.019.olen.html.

Thich Nhat Hanh. *Your True Home: The Everyday Wisdom of Thich Nhat Hanh*, edited by Melvin McLeod. Boston: Shambhala, 2011.

第 10 章　这有帮助吗

His Holiness the Dalai Lama. *Beyond Religion: Ethics for a Whole World*. Boston: Houghton Mifflin Harcourt, 2011.

Bailey, Becky A. *Conscious Discipline: 7 Basic Skills for Brain Smart Classroom Management*. Oviedo, FL: Loving Guidance, 2001.

Chödrön, Pema. *Awakening Loving-Kindness*. Boston: Shambhala, 1996.

第 11 章　泛光注意

Mingyur, Yongey, Rinpoche, with Helen Tworkov. *Turning Confusion into Clarity: A Guide to the Foundation Practices of Tibetan Buddhism*. Boston: Shambhala, 2014.

Trungpa, Chögyam, Rinpoche. *Mindfulness in Action: Making Friends with Yourself through Meditation and Everyday Awareness*, edited by Carolyn Rose Gimian. Boston: Shambhala, 2015.

Greenberg, Mark. Personal interview, January 9, 2016.

Das, Surya, Lama. *Awakening to the Sacred: Creating a Spiritual Life from Scratch*. New York: Broadway, 1999.

———. Personal interview, March 27, 2012.

第五部分　联结力

Dubuc, Marianne. *The Lion and the Bird*. New York: Enchanted Lion, 2014.

The phrase "Let the music play" is a tip of the hat to Chögyam Trungpa Rinpoche's phrase "Let the phenomena play," which he introduced in his book *Crazy Wisdom*, edited by Sherab Chödzin. Boston: Shambhala, 1991.

第 12 章　如其所是，不需矫饰

Bailey, Becky A. *Conscious Discipline: 7 Basic Skills for Brain Smart Classroom Management*. Oviedo, FL: Loving Guidance, 2001.

Winnicott, D. W. "Mirror-Role of the Mother and Family in Child Development." In *The Predicament of the Family: A Psycho-Analytical Symposium*, edited by P. Lomas, 26–33. London: Hogarth Press, 1967.

Epstein, Mark. *The Trauma of Everyday Life*. New York: Penguin, 2014.

Portis, Antoinette. *Not a Box*. New York: HarperCollins, 2006.

Banyai, Istvan. *Zoom*. New York: Viking, 1995.

第 13 章　自由

The story of the hummingbirds and an elephant is based on a Chinese folk story entitled "Holding Up the Sky."

Lyubomirsky, Sonja. *The How of Happiness: A Scientific Approach to Getting the Life You Want*. New York: Penguin, 2008.

McLeod, Ken. *Wake Up to Your Life: Discovering the Buddhist Path of Attention*. San Francisco: HarperSanFrancisco, 2001.

His Holiness the Dalai Lama. *Beyond Religion: Ethics for a Whole World*. Boston: Houghton Mifflin Harcourt, 2011.

The story of a samurai and the tea master is based on a Japanese folk tale.

Seuss, Dr. *Oh, the Places You'll Go!* New York: Random House, 1990.

Ponlop, Dzogchen, Rinpoche. *Rebel Buddha: On the Road to Freedom*. Boston: Shambhala, 2010.

Wallace, David Foster. *This Is Water: Some Thoughts, Delivered on a Significant Occasion, about Living a Compassionate Life*. New York: Little, Brown, 2009.

正念

多舛的生命：正念疗愈帮你抚平压力、疼痛和创伤（原书第2版）

作者：（美）乔恩·卡巴金（Jon Kabat-Zinn）著 ISBN：978-7-111-59496-3

正念减压（八周课）权威著作

正念：此刻是一枝花

作者：（美）乔恩·卡巴金（Jon Kabat-Zinn）著 ISBN：978-7-111-49922-0

正念练习入门书

儿童期

《自驱型成长：如何科学有效地培养孩子的自律》
作者：[美] 威廉·斯蒂克斯鲁德 等 译者：叶壮

樊登读书解读，当代父母的科学教养参考书。所有父母都希望自己的孩子能够取得成功，唯有孩子的自主动机，才能使这种愿望成真

《聪明却混乱的孩子：利用"执行技能训练"提升孩子学习力和专注力》
作者：[美] 佩格·道森 等 译者：王正林

聪明却混乱的孩子缺乏一种关键能力——执行技能，它决定了孩子的学习力、专注力和行动力。通过执行技能训练计划，提升孩子的执行技能，不但可以提高他的学习成绩，还能为其青春期和成年期的独立生活打下良好基础。美国学校心理学家协会终身成就奖得主作品，促进孩子关键期大脑发育，造就聪明又专注的孩子

《有条理的孩子更成功：如何让孩子学会整理物品、管理时间和制订计划》
作者：[美] 理查德·加拉格尔 译者：王正林

管好自己的物品和时间，是孩子学业成功的重要影响因素。孩子难以保持整洁有序，并非"懒惰"或"缺乏学生品德"，而是缺乏相应的技能。本书由纽约大学三位儿童临床心理学家共同撰写，主要针对父母，帮助他们成为孩子的培训教练，向孩子传授保持整洁有序的技能

《边游戏，边成长：科学管理，让电子游戏为孩子助力》
作者：叶壮

探索电子游戏可能给孩子带来的成长红利；了解科学实用的电子游戏管理方案；解决因电子游戏引发的亲子冲突；学会选择对孩子有益的优质游戏

《超实用儿童心理学：儿童心理和行为背后的真相》
作者：托德老师

喜马拉雅爆款育儿课程精华，包含儿童语言、认知、个性、情绪、行为、社交六大模块，精益父母、老师的实操手册；3年内改变了300万个家庭对儿童心理学的认知；中南大学临床心理学博士、国内知名儿童心理专家托德老师新作

更多>>>　《正念亲子游戏：让孩子更专注、更聪明、更友善的60个游戏》作者：[美] 苏珊·凯瑟·葛凌兰 译者：周玥 朱莉
《正念亲子游戏卡》作者：[美] 苏珊·凯瑟·葛凌兰 等 译者：周玥 朱莉
《女孩养育指南：心理学家给父母的12条建议》作者：[美] 凯蒂·赫尔利 等 译者：赵菁

全年龄段

《叛逆不是孩子的错：不打、不骂、不动气的温暖教养术（原书第2版）》
作者：[美] 杰弗里·伯恩斯坦　译者：陶志琼

放弃对孩子的控制，才能获得更多的掌控权；不再强迫孩子听话。孩子才会开始听你的话，樊登读书倾力推荐，十天搞定叛逆孩子

《硅谷超级家长课：教出硅谷三女杰的TRICK教养法》
作者：[美] 埃丝特·沃西基　译者：姜帆

"硅谷教母"埃丝特·沃西基养育了三个卓越的女儿，分别是YouTube的CEO、基因公司创始人和名校教授。她的秘诀就在本书中

《学会自我接纳：帮孩子超越自卑，走向自信》
作者：[美] 艾琳·肯尼迪-穆尔　译者：张海龙 郭霞 张俊林

为什么我们提高孩子自信心的方法往往适得其反？
解决孩子自卑的深层次根源问题，帮助孩子形成真正的自信；
满足孩子在联结、能力和选择三个方面的心理需求；
引导孩子摆脱不健康的自我关注状态，帮助孩子提升自我接纳水平

《去情绪化管教，帮助孩子养成高情商、有教养的大脑！》
作者：[美] 丹尼尔·J.西格尔 等　译者：吴蒙琦

无须和孩子产生冲突，也无须愤怒、哭泣和沮丧！用爱与尊重的方式让孩子守规矩，使孩子朝着成功和幸福的人生方向前进

《爱的管教：将亲子冲突变为合作的7种技巧》
作者：[美] 贝基·A.贝利　译者：温旻

美国亚马逊畅销书。只有家长先学会自律，才能成功指导孩子的行为。自我控制的七种力量和由此而生的七种管教技巧，让父母和孩子共同改变。在过去15年中，成千上万的家庭因这7种力量变得更加亲密和幸福

更多>>>
《儿童教育心理学》作者：[奥地利] 阿尔弗雷德·阿德勒　译者：杜秀敏
《我不是坏孩子，我只是压力大：帮助孩子学会调节压力、管理情绪》作者：[加] 斯图尔特·尚卡尔 等　译者：黄镇华
《如何让孩子爱上阅读》作者：[澳] 梅根·戴利　译者：卫妮

·作者简介·

苏珊·凯瑟·葛凌兰(Susan Kaiser Greenland)

资深正念老师,"内在小孩基金会"(Inner Kids Foundation)联合创始人,《正念亲子游戏》(*Mindful Games*)和《正念亲子游戏卡》(*Mindful Games Activity Cards*)等多本正念图书的作者,以及两个孩子的母亲。

她创立的"内在小孩"正念觉知课程,融合轻松好玩的游戏,成功地帮助许多孩子克服了冲动、多动、焦虑、失眠、完美主义、挫折耐受力差、人际关系不佳等问题。"内在小孩"课程源于经典正念修习,同时针对儿童的特点进行调整,是美国最早的正念教育项目之一。

她曾是加州大学洛杉矶分校美泰儿童医院儿童疼痛诊所临床团队的一员,并协助该校研究正念在教育中的作用。

·译者简介·

周玥 美国帕拉阿图大学心理咨询硕士、清华大学传播学硕士,国家二级心理咨询师。

系统受训的正念减压(MBSR)、正念认知(MBCT)、正念认知生活(MBCT-L)课程老师,"当下的礼物"儿童大脑开发与幸福课程老师。中国生命关怀协会静观专业委员会常务委员。

正念/心理专业图书译者,译有《全脑教养法》《拖延心理学2》,并且有丰富的正念课程现场翻译经验。

朱莉 幸福自心工作室创始人,北京中科创新超常教育研究中心副理事长,国家二级心理咨询师。

资深静观正念教师,带领团体超过500小时,对儿童青少年注意力、自主情绪调节和社会情感学习有深入研究。致力于静观正念教学在学校的应用,面向学生、教师和家长,推知行合一的"幸福教育"。